Nicolaus Cusanus

# Nicolaus Cusanus

Textauswahl und Kommentar
von Gerhard Wehr

marixverlag

Bibliografische Information der Deutschen Nationalbibliothek
Die Deutsche Nationalbibliothek verzeichnet diese
Publikation in der Deutschen Nationalbibliografie;
detaillierte bibliografische Daten sind im Internet über
http://dnb.d-nb.de abrufbar.


Covergestaltung: Nicole Ehlers, marixverlag GmbH
Bildnachweis: akg-images GmbH, Berlin
Lektorat: Dr. Bruno Kern, Mainz
Satz und Bearbeitung: Medienservice Feiß, Burgwitz
Der Titel wurde in der Stempel Garamond gesetzt.
Gesamtherstellung: Bercker Graphischer
Betrieb GmbH & Co.KG, Kevelaer

Printed in Germany

ISBN: 978-3-86539-259-6

www.marixverlag.de

# Inhalt

# I. Auf der Schwelle zweier Epochen

Im Laufe der abendländischen Geistesgeschichte gewinnt man mehrfach den Eindruck, an einer Grenzscheide zu stehen und mit Erscheinungen eines Übergangs konfrontiert zu sein. Immer wieder zeigt es sich: Altes vergeht, Neues zeichnet sich nach einer gewissen Vorbereitung ab. Im jeweils Gegenwärtigen scheint sich Zukünftiges zu präformieren. Im Bereich von Theologie und Spiritualität, von mystischer Innerlichkeit und weltläufiger Aktivität lässt sich dies für das ausklingende Mittelalter am Leben und vielseitigen Wirken des Nikolaus von Kues (1401 – 1464), *Cusanus* genannt, veranschaulichen. Dabei erübrigt sich der Hinweis, dass Nikolaus bei Weitem nicht der Einzige ist, von dem gesagt werden kann, dass er auf der Schwelle zwischen zwei Epochen stehe. Doch muss ihm für seine Zeit eine beispielhafte Bedeutung zuerkannt werden. In den philosophiehistorischen und theologiegeschichtlichen Darstellungen geschieht das auch.[1] Hinsichtlich der Vielseitigkeit seiner Studien und seines Schaffens bedarf es daher mehrerer Etiketten, um diese schon zu seinen Lebzeiten markante, in mehrfacher Hinsicht herausragende

1 Karl Vorländer: Philosophie des Mittelalters. Geschichte der Philosophie II. Reinbek 1964; 1978. – Jill Raitt (Hrsg.): Geschichte der christlichen Spiritualität II. Würzburg 1995. – Kurt Flasch: Das philosophische Denken im Mittelalter. 2. revid. Aufl. Stuttgart 2006.

Persönlichkeit wenigstens stichwortartig zu charakterisieren.

Er war Jurist und Diplomat, Theologe und Philosoph, Mathematiker und Astronom. Als Doktor des kanonischen Rechts wurde er mit allerlei kirchendiplomatischen Aufgaben betraut. Er diente als Berater des Papstes Pius II. (1458 – 1462), war Kardinal, stand als Bischof von Brixen seiner Diözese vor und wirkte beim Konzil in Basel mit, das 1431 als ein Reformkonzil eröffnet worden war. Er setzte sich für eine umfassende Einheit der Kirche ein und dokumentierte dies in seiner Frühschrift *De concordantia catholica* (1433). Dabei galt es, schwerwiegende innerkirchliche Missstände zu klären, um schließlich die Einheit der Christenheit herbeizuführen und sicherzustellen. Und dies ein Jahrhundert vor Anbruch der eigentlichen, mit Leben und Werk Martin Luthers (1483 – 1546) verbundenen Reformation. Dazu bedurfte es nicht zuletzt eines zumindest im Ansatz irenisch gesonnenen, auf Ausgleich der divergierenden Interessen von Papst und Bischöfen bedachten Wortführers. Über diese Fähigkeit verfügte der Cusanus, auch wenn einzuräumen ist, dass diese Gesinnung einer friedenstiftenden Mentalität von ihm nicht immer durchgehalten werden konnte.

Der ihm eigene Zug zum Ausgleich ist an der Tatsache abzulesen, dass er vom Geist der Mystik geprägt war. Er kannte lateinische und wohl auch deutschsprachige Schriften sowie Predigten Meister Eckharts. Schließlich ist anzumerken, in welcher bedeutsamen Situation sich die abendländische Christenheit befand: Im Jahre 1453 hatten die Türken Konstantinopel (heute Istanbul) erobert und damit für die westliche Christenheit schwerwiegende Fakten geschaffen. Da bedurfte es eines Mannes, dem es gegeben war, die Fragen der interreligiösen Gegensätze klären zu helfen, etwa: Wie soll sich die Christenheit dem zum Sturm auf die Mitte Europas angetretenen Islam gegenüber verhalten? Auf welche Weise ist der ernsthaft gefährdete Religionsfriede sicherzustellen? Hier waren vom Cusanus religionsphilosophische Einsichten gefragt, die sich nicht etwa nach Art der einstigen Kreuzzugsideologie an gewaltsamen Lösungen orientierten, sondern so etwas wie einen Entwurf für einen zukunftsfähigen Religionsfrieden verlangten. Zum Charakteristikum der kirchengeschichtlichen Lage gehörte die Tatsache, dass – seit 1054 – immer noch der Dissens zwischen der römischen Westkirche und der griechisch-byzantinischen Kirche des Ostens bestand. Insofern fehlte es nicht an Versuchen, die Arbeit der kirchlichen „Brückenbauer" zu unterstützen. Als ein solcher „Pontifex" war Nikolaus von Kues in Pflicht genommen.

Wer sich in die Schriften des auch um Zusammenschau von Natur und Geist bemühten Gelehrten vertieft, der kann sich der von ihm ausgeübten Faszination nicht entziehen. Dabei ist zu bedenken, dass er sich als einer der Ersten um das Verständnis des Korans und muslimischer Frömmigkeit bemüht hat. Das wird deutlich, wenn man den Lebensspuren des weit gereisten, aktiven Kirchenmannes wie des nach innen blickenden frommen Mystikers nachgeht. In einem seiner zahlreichen, zum Teil in Dialogform entworfenen Texte bringt er auf den Punkt, was ihm hinsichtlich der Achtsamkeit im täglichen Leben wichtig geworden ist. Hierzu ein Wort, das auf den Umgang mit ihm und unseren Zeitgenossen anwendbar ist:

„Oft gehen Leute an uns vorüber, und wir nehmen sie nicht wahr, weder durch das Gesicht noch durch das Gehör, weil wir nicht darauf *aufmerksam* sind. Wenn wir aber aufmerksam sind, dann nehmen wir sie wahr. Wir besitzen in unserer Seele den Vernunftgrund (*rationem*) und die Wissenschaft des Wissbaren der Kraft nach; trotzdem nehmen wir seine Wahrheit nur dann wirklich wahr, wenn wir aufmerksam darauf gerichtet waren, dies zu sehen."[2]

Nikolaus von Kues, der im Bewusstsein der Gottesgegenwart, das Endliche vor dem Hintergrund und der Tiefe des Unendlichen erkennend, sein Tagewerk erfüllen wollte, ist nicht nur ein Mensch des ausgehenden Mittelalters. Sein Blick reicht viel weiter. Er vermag noch im 21. Jahrhundert unser Interesse zu erwecken, auch wenn die ihn bewegenden elementaren Fragen, insbesondere die zum Religionsfrieden und zum Themenkreis Islam, neben anderen Stellungnahmen inzwischen ein ganz neues Gesicht bekommen haben. Karl Jaspers war es, der von dem meditativen Philosophen an der Epochenschwelle gesagt hat, er habe wie kein anderer den Menschen, dessen Größe und Grenze, dessen Vermögen und geistige Schöpferkraft in den Mittelpunkt seiner Erwägungen gestellt. Für den Cusanus selbst war es naturgemäß die Gottesfrage, der er sich – beispielsweise in der geistigen Nachfolge Meister Eckharts – als ein mystisch Frommer verschrieben hat.[3]

---

2 Cusanus: *Dialogus de ludo globi* (Über das Kugelspiel), in: Aller Dinge Einheit ist Gott, hrsg. Gerd Heinz-Mohr. Zürich 1984, S. 30.

3 Ob er oder in welcher Weise Nikolaus in jungen Jahren unter dem Einfluss der Brüder vom gemeinsamen Leben , d.h. der vor allem im niederdeutschen Bereich tätigen Fraterherren gestanden hat und so in das geistlich-meditative Leben der *Devotio moderna* (neue Frömmigkeit) eingeführt worden ist, darf – wie einst behauptet – zwar angenommen werden, doch fehlen dafür die historischen Nachweise. Eine bedeutsame Frucht dieser religiös-mystischen Strömung ist das Thomas a Kempis zugeschriebene Buch „Nachfolge Christi" (*De imitatione Christi*).

# II. Stadien seines Lebens

Der Sohn des Schiffseigners und des als Winzer zu Ansehen gelangten erfolgreichen Kaufmanns Johann Krebs (ursprünglich: Chryfftz, lat. Cancer) ist 1401 in der heute zu Bernkastel gehörigen Ortschaft Kues geboren. Weil das kleine Dorf an der Mosel zum Bistum Trier gehört hat, wird er in Chroniken auch als Nicolaus Trevirensis geführt, oder man nennt ihn in lateinisch abgefassten Texten Nicolaus de Cusa.

Gesicherte Lebensdaten liegen für ihn erst seit 1416 vor, als der weit gereiste, als Weinlieferant tätige Vater seinen erst fünfzehnjährigen Nikolaus zum Studium auf die Universität Heidelberg schickte. Es ist anzunehmen, dass er im Laufe seiner Ausbildung von dem spektakulären Ketzerprozess und dessen Folgen in jenen Jahren gehört haben wird. Es handelte sich um den aus Böhmen stammenden, seiner kirchenkritischen Predigten wegen vor das Konzil in Konstanz zitierten Kirchenreformer Jan Hus. Weil er trotz der von Kaiser Sigismund gemachten Zusage des freien Geleits 1415 verbrannt worden ist, war auf Jahrzehnte hinaus für Aufsehen und Diskussionsstoff gesorgt. Solche Vorgänge dürften nicht zuletzt dem angehenden Studenten des Kirchenrechts zu denken gegeben haben.

Im Gang der zeitüblichen Studien ging es für Nikolaus zunächst um den Erwerb des schulischen Grundlagenwissens in Gestalt der *artes liberales,* das heißt der sogenannten *freien Künste*[4]. Im Rahmen des scholastischen, sich nach und nach ausdifferenzierenden Bildungswegs folgte auf dieser Basis das eigentliche Hochschulstudium innerhalb der drei klassischen Fakultäten: der Jurisprudenz, der Medizin und schließlich der philosophisch fundierten Theologie.

Eine erste wesentliche Erweiterung seines geistigen Horizonts erfuhr Nikolaus in Padua, damals, am Vorabend der Renaissance, ein Zentrum des europäischen Geisteslebens. Dort studierte er zunächst Kirchenrecht und promovierte zum *Doctor decretorum*. Seine juristischen Studien erweiterte er schon früh durch die Beschäftigung mit Mathematik und Astronomie sowie durch das Erlernen der griechischen Sprache, deren Kenntnis für die humanistisch Gebildeten der Folgezeit in Kirche und Gesellschaft unverzichtbar werden sollte, nicht zuletzt für die Verdeutschung des Neuen Testaments durch Martin Luther.[5] Der Kusaner musste in Erfüllung seiner Aufträge für die Gelehrten des europäischen Ostens ohnehin sprachenkundig und gesprächsfähig sein.

1425 ließ sich der junge Kirchenrechtler an der Universität Köln immatrikulieren, wo mehr als ein Jahrhundert zuvor die Meister aus dem Dominikanerorden, an ihrer Spitze Albertus Magnus und Thomas von Aquin, das Hochschulwesen bestimmt haben. Es galt, sein philosophisches und theologisches Wissen zu vertiefen. Bedeutsam wurde für ihn die Bekanntschaft mit den Gedanken des Dionysios Areopagita und dessen negativer Theologie. Es ist jene Theologie, die trotz allen Wahrheitsstrebens darauf

4 Josef Dolch: Lehrplan des Abendlandes. Zweieinhalb Jahrtausende seiner Geschichte. Darmstadt 1982.

5 Luthers Verdeutschung des Neuen Testaments erfolgte auf der Basis der von Erasmus von Rotterdam besorgten griechischen Textedition.

verzichtet, ein zureichendes Wissen vom Wesen Gottes zu beanspruchen. Sie geht von der Einsicht aus, dass keine der üblichen Aussagen über Gott ihm selbst, dem lebendigen Gott, angemessen sein kann. Er bleibt transzendent. Man mag zwar immer neue Gottesbilder entwerfen, aber die Tiefe der Gottheit bleibt unerreichbar. Um es durch ein Paradox anzudeuten: Wer Gott erfahren hat, der hat ihn letztlich nicht erfahren!

Um für die Begegnung mit dem Osten gerüstet zu sein, reiste Nikolaus mit seinem Kölner Lehrer Heymericus de Campo nach Paris, um die Schriften des Katalanen Raymundus Lullus (Ramon Llull; 1232/35 – 1316) näher kennenzulernen. Als *Doctor illuminatus* tituliert, war auch er ein universell gebildeter Gelehrter, der in seiner Heimat mit den Überlieferungen der Troubadourdichtung aufgewachsen war. Er zählt zu den allerersten abendländischen Wegbereitern für eine Begegnung mit den Weltreligionen, insbesondere mit dem Islam und dessen sufitischer Mystik. Berühmt wurde Llull durch sein in diesem Geist geschriebenes Werk „Das Buch vom Freunde und vom Geliebten" (*Libre de Amic e Amat*)[6]. Insofern steht der Cusanus, was seine eigenen Gesprächskontakte mit den Muslimen anlangt, auf den Schultern des großen Katalanen.

Statt einen ihm zweimal angebotenen Lehrstuhl an der neu gegründeten Universität Löwen anzunehmen, war Cusanus als Anwalt tätig und diente, etwa von 1425 an, als Sekretär des Erzbischofs von Trier. Die durch allerlei Streitigkeiten beunruhigte, stets der Reform bedürftige Kirche lud ihn alsbald zu ihrem Konzil nach Basel ein, an

6 Ramon Llull: Das Buch vom Freund und vom Geliebten. Übersetzt von Erika Lorenz. Freiburg 1992.

dem er mitwirkend teilnahm. Bei der Auseinandersetzung in der Frage, ob die Partei der Konzilsväter (Konziliaristen) oder die der Papst-Anhänger die Konzilsoberhoheit haben sollten, schlug er sich nach anfänglichem Zögern auf die päpstlich-kuriale Seite. Ihm lag, wie es seinem Grundanliegen entsprach, an der Einheit der Kirche, die er am ehesten durch den Träger der zentralen Macht in Rom gewährleistet sah. Vor allem bemühte man sich während des teils in Basel, dann teils in Ferrara und in Florenz agierenden Konzils, zu einem Ausgleich zu kommen. Schließlich nahm Cusanus 1437 an Verhandlungen mit der getrennten Ostkirche in Konstantinopel teil.[7] Die Bemühungen um eine Aufhebung der großen Kirchenspaltung (Schisma), bei denen er erwartungsgemäß römische Interessen unterstützte, führten damals jedoch über formale Einigungsformeln kaum hinaus. Für Nikolaus war es wichtig, dass er einen etwa zweimonatigen Aufenthalt in Konstantinopel unter anderem zur Fortführung seiner schon in Basel betriebenen Koran-Studien nutzen konnte. Diese schlugen sich in einigen seiner späteren Schriften nieder, speziell in „Die (kritische) Sichtung des Korans“ (*Cribratio Alchoran,* 1461).

Auch die kirchliche Hierarchie bestimmte seine weitere Karriere. Verhältnismäßig spät (zwischen 1436 und 1440) empfing er die Priesterweihe. Dagegen dauerte es nur acht Jahre, bis er 1448 durch Papst Nikolaus V. die Kardinalswürde erlangte. 1450 wurde ihm als Bischof die Diözese von Brixen anvertraut. Aus dem Mann aus der Provinz und aus der Familie eines schlichten Moselschiffers war ein

7 Seit 1054 war die römisch-katholische Kirche von der griechisch-byzantinischen Kirche des Ostens getrennt. Nikolaus von Kues vertrat die Überzeugung, dass eine Einigung unter der Oberhoheit des römischen Papstes zu erfolgen habe.

Oberer seiner Kirche geworden, dazu ein Philosoph und ein international agierender Diplomat der römischen Kirche. Die langjährige Freundschaft mit dem Humanisten und Dichter Enea Silvio Piccolomini, der 1458 als Pius II. den päpstlichen Stuhl bestieg, bahnte seinen Weg, um in Rom an der Spitze der westlichen Christenheit beratend tätig zu sein. Vergebens suchte Nikolaus in sein Tiroler Bistum zurückzukehren, zumal er in der heiligen Stadt die Funktion eines Legaten und Generalvikars der römischen Diözese zu erfüllen hatte, von der er wegstrebte. Zu seinen Funktionen in der „heiligen Stadt" gehörte auch die schwierige Aufgabe eines Friedensstifters, der bestrebt sein musste, die Rechte der Kirche vor Übergriffen der politisch Mächtigen zu schützen.

Nach einer Erkrankung, die sich Nikolaus von Kues auf dem Weg nach Venedig und in Vorbereitung eines sogenannten „Kreuzzugs gegen die Osmanen" zugezogen hatte, verstarb Nikolaus von Kues erst 63jährig am 11. August 1464 in dem umbrischen Bergstädtchen Todi. Sein Grab befindet sich in seiner römischen Bischofskirche in S. Pietro in Vincoli (Sankt Peter in Fesseln), während sein Herz, seinem ausdrücklichen Wunsch gemäß, in der Kapelle des von ihm und seinen Angehörigen gestifteten Sankt-Nikolaus-Hospitals in Kues, also an seinem Geburtsort, beigesetzt ist. Im dortigen Hospital hütet man auch seine umfangreiche Bibliothek, die er als Gelehrter in Gestalt seltener Handschriften im Laufe seiner Schaffensjahre zusammengetragen hatte. Die Mittel dazu und für die im Spital zu betreuenden Armen schöpfte er aus zahlreichen gut dotierten Pfründen und Privilegien.

# III. Elemente seines Denkens

Obwohl Nikolaus infolge seiner ausgedehnten, in der Regel auftragsbedingten Reisen durch Deutschland, in Italien, nach Athen und bis nach Konstantinopel ein überaus bewegtes Leben führte, ist der Umfang seines literarischen Schaffens beträchtlich. Gott, Welt, Mensch, der innere wie der äußere Friede bestimmen sein auf Ausgleich und Versöhnung angelegtes Denken. Auf eine universell aufzufassende Ganzheit hin, in der Gegensätze eine komplementäre Rolle spielen, sind seine philosophischen und theologischen Schriften ausgerichtet. Durch sie hat er schon zu Lebzeiten Anerkennung und schließlich einen prominenten Platz in der europäischen Religions- und Geistesgeschichte erworben.[8]

Versucht man sein Lebenswerk auf einen einfachen Nenner zu bringen, dann darf von seinem unablässigen Streben nach Erkenntnis wie nach Verwirklichung einer allem zugrunde liegenden *Einheit* gesprochen werden. Zu überwinden war ein Denken, das sich prinzipiell einem Verharren in unversöhnlichen Gegensätzen verschrieben hat. Was er auf der religionsphilosophischen Ebene als Zusammenfallen (Koinzidenz) aller denkbaren Gegensätze (*coincidentia oppositorum*) begreiflich zu machen suchte, das fand in seinen innerkirchlichen wie weitreichenden

8 Vgl. unten den Abschnitt: Stimmen und Zeugnisse

kirchendiplomatischen Aktivitäten eine historisch bemerkenswerte Entsprechung. Es ging ihm sowohl um die Reform der Kirche (*Ecclesia semper reformanda*) großen Stils, etwa im Verhältnis von Papsttum und den Bischöfen, als auch mit Blick auf die Reformbedürftigkeit von Ordensgemeinschaften um das fragwürdig gewordene Leben in vielen Klöstern sowie um beklagenswerte regionalkirchliche Verhältnisse. Dabei wird ihm nachgesagt, dass er in seinem Eifer zuweilen verurteilende Härte zeigte und in Feindseligkeiten – zumindest ausnahmsweise – vor Gewaltanwendung nicht zurückschrak. Wie schon beim Blick auf Nikolaus' Lebenslinien erwähnt, ist seinen Bemühungen um Verständnis, Dialog und Begegnung mit anderen Religionen, selbst mit dem Islam, eine besondere Bedeutung beizumessen. Nikolaus predigt, schreibt und stellt sich dem freimütigen Gespräch – und in der Regel leitet ihn das Lebensthema dieses zur Harmonisierung des Gegensätzlichen tendierenden Menschen.

Von ihm selbst erfahren wir von einem inspirativen Moment, als ihm als ein „Geschenk des Himmels vom Vater des Lichts" eine wichtige Einsicht zuteil wurde – geschehen 1438 anlässlich einer stürmischen Überfahrt von Athen nach Venedig, als er den griechischen Kaiser samt dem ostkirchlichen Patriarchen von Konstantinopel zum Unionskonzil nach Ferrara zu begleiten hatte. Und jenes Himmelsgeschenk besteht für ihn in der spontan auftretenden Einsicht, dass das Unbegreifliche naturgemäß nicht etwa auf begreifliche Weise zugänglich sei. So wie nach einem Wort des Apostels Paulus (1 Kor 13,9) „unser Wissen Stückwerk" ist, so entzieht sich die absolute Wahrheit dem menschlichen Bestreben, das Wissen auf allen Gebieten zu erweitern. Doch die Wahrheit bleibt – so ist er überzeugt – der Unwissenheit anheimgegeben. Sie nimmt den Charakter einer „belehrten Unwissenheit", einer *docta ignorantia,* an. Auch wenn sich dieses Gewahrwerden für ihn als eine unvermittelt scheinende Erkenntnis darstellt, ist es doch zugleich auch Resultat seines jahrelangen Erkenntnisringens.

In seinen beiden Hauptwerken *De docta ignorantia,* 1440 im heimatlichen Kues fertiggestellt, und dem thematisch daran anschließenden über das Wesen von Mutmaßungen (*De coniecturis*) sowie in weiteren Schriften hat Nikolaus die Ergebnisse seines Denkens niedergelegt und in den daraus sich ergebenden Konsequenzen erläutert. Analog zu den Erkenntnisbemühungen antiker Denker bezeichnete er sein Tun als eine im Wesen des Menschen angelegte „Jagd nach der Weisheit". Darüber hat er sich in einem Spätwerk (*De venatione sapientiae*) geäußert. Unerlässlich erscheint es ihm, die für ihn verpflichtende Wahrheit des christlichen Glaubens vorauszusetzen. Das kommt nicht zuletzt in seinen religionsphilosophischen Erwägungen und bei der Einschätzung des Korans zum Ausdruck. Aus diesem kirchlich-christlichen Vorverständnis macht er kein Hehl!

Als Philosoph steht der Cusaner in der großen Tradition des abendländischen Denkens. Seine Gewährsleute sind Platon, der mythische Hermes Trismegistos[9] und die Lehrmeister der zur christlichen Mystik hinleitenden neuplatonisch-christlichen Philosophie, an ihrer Spitze der namenlos um 500 schreibende (Pseudo-)Dionysios Areopagita, dem die Mystik des Mittelalters, unter anderem auch Meister Eckhart und dessen Schule, verpflichtet gewesen ist. Auf

9 Die Hermetischen Schriften. Corpus Hermeticum. Deutsche Ausgabe mit Einleitungen und Kommentaren von Maria Magdalena Miller. Hildesheim 2009.

dieser Basis formuliert Nikolaus die Elemente seines auf die Gott-Suche ausgerichteten Denkens. Es ist entfaltet in einer Reihe von Schriften, wie etwa in seiner Trilogie zum Gottesbild. Dabei widmet er sich der Gottsuche (*De quaerendo Deum*), besinnt sich auf das Wesen der Gotteskindschaft (*De filiatione*) und bezieht die Verborgenheit Gottes (*De Deo abscondito*) ein. In Spannung dazu stehen Überlegungen zu einer Gottesschau (*De visione Dei*) bis hin zum Gipfel eines solchen Schauens (*De apice theoriae*), und zwar – in der erklärten Nachfolge des großen Areopagiten – stets in dem Bewusstsein, dem Absoluten in seiner Tiefe erkennend gar nicht gewachsen zu sein. „In der geschaffenen Welt ist die Einheit ‚entfaltet' zu einer Vielheit des Andersseins, dem unterscheidenden Verstand zugänglich. Mit der Vernunft können wir uns darüber hinaus in einem ‚incomprehensibiliter inquirere', einem Forschen, das das Begreifen im mystischer Weise übersteigt, der Wahrheit nähern und das Unendliche ‚berühren'."[10]

Von Nikolaus von Kues sind vielfältige, bisweilen divergierende Wirkungen ausgegangen. Bemerkenswert ist, dass sein Schrifttum auch nach seinem Tod in zunehmendem Maße gefragt war. So zählt man zwischen 1488 und 1565 allein fünf Werkausgaben, dazu die Verbreitung mehrfach aufgelegter einzelner Texte. „Dabei ging es um so disparate Fragen wie die nach den Grenzen menschlicher Erkenntnisfähigkeit, nach der Reichweite rationaler Argumentation in der Theologie oder nach der Möglichkeit einer Rekonstruktion der ursprünglichen Weisheit (*prisca sapientia*), ferner um kosmologische Probleme wie das der Unendlichkeit

10 Volkmar Zühlsdorff, in: Wörterbuch der Mystik. Hrsg. Peter Dinzelbacher. Stuttgart 1989, S. 382.

des Alls und der Pluralität der Welten und mathematische Probleme wie das der Quadratur des Kreises, immer aber um die *docta ignorantia* und die *coincidentia oppositorum*. In diesen und anderen Themenbereichen wurden die Gedanken des Cusaners rezipiert."[11]

Zu seinen Lebzeiten wurden seine Gedanken beispielsweise im Gedankenaustausch mit Ordensleuten bekannt. Dazu gehörten beispielsweise die Benediktiner, Abt und Prior im Kloster Tegernsee. Weil sich der Briefwechsel in wesentlichen Teilen erhalten hat, sind wir über die Argumentationsweisen im Bilde.[12] Ihnen erläutert er unter anderem seine zentrale, berühmt gewordene These von dem Zusammenfall der Gegensätze (*coincidentia oppositorum*). Die Schöpfung ist ein einziges Dokument der Entfaltungs- und Offenbarungsmöglichkeiten Gottes. Oder unter dem speziellen cusanischen Aspekt, durch den Gottes Überfülle zum Ausdruck gebracht werden soll: „Gegensätze, die in Gott eins sind, in der Welt aber auseinandertreten: in jener Welt, die als ‚explicatio Dei', als Entfaltung jenes Gottes zu verstehen ist, der selber das Viele ohne Vielheit und der Gegensatz in der Identität ist. Dies ist ein Denken, das geradewegs zum deutschen Idealismus, zu Hegel, aber auch zu Whitehead und Teilhard de Chardin führt."[13] Dieser Zusammenfall des bei vordergründiger Betrachtung nicht zu Vereinbarenden gehe ebenfalls über das nur verstandesmäßige Erkennen hinaus und sei allein dem schauenden Erkennen der Vernunft, der *visio intellectualis*, nicht aber dem Verstand (*ratio*) zugänglich. Weil aber in Gott die

11 Tilmann Borsche, in: Klassiker der Religionsphilosophie, S. 257.
12 Belege in: Deutsche Mystikerbriefe des Mittelalters 1100 – 1550. Hrsg. Wilhelm Oehl. (1931) Darmstadt 1972, S. 531 – 569
13 Hans Küng u.a.: Christentum und Weltreligionen. München 1984, S. 303.

Gegensätze zusammenfallen, ist er der Eine schlechthin.[14] Genannt wird ferner der Kartäuser Dionysius.

Zu den Ersten, die die Bedeutung des Cusanus erkannt und bekannt gemacht haben, zählt Giordano Bruno (gest. 1600). Analog zur Würdigung Platons sprach er geradezu vom „göttlichen Cusanus". Bruno schloss denkend an Nikolaus an, indem er den Begriff von der Unendlichkeit Gottes und der Natur weiter bewegte. Damit ist die Schwelle zum neuzeitlichen Bewusstsein betreten. Bislang als gültig angesehene scholastische Vorstellungsformen sind aufgebrochen. Kaum minder bedeutsame Einflüsse lassen sich auf Marsilio Ficino (gest. 1499) und den früh vollendeten Pico della Mirandola (1463 – 1494) nachweisen. Protestantische Kreise meinten, beim Cusaner reformatorische, zu Martin Luther führende Ansätze zu entdecken. Fernwirkungen haben Lessing erreicht. Ob das auch mit Blick auf Spinoza, Leibniz, Fichte, Schelling und Hegel gilt, wird bezweifelt – Hegel scheint den Cusanus nicht gekannt zu haben! –, andernfalls hätten die Vorstellungen des Cusanus deutliche Spuren hinterlassen.[15] Andere Einflüsse haben im 16. und 17. Jahrhundert Frankreich und England erreicht.

Hinsichtlich der nicht immer einheitlichen Einschätzung der komplexen und zugleich diffusen Wirkungsgeschichte des cusanischen Denkens resümiert Tilman Borsche: „Einerseits spricht man dem Werk des Cusaners einen nennenswerten Einfluss auf die Geschichte der Philosophie, der Theologie sowie der Wissenschaften in den folgenden

14 Karl Albert: Einführung in die philosophische Mystik. Darmstadt 1996, S. 116 f.

15 K. Bormann in: Großes Werklexikon der Philosophie. Hrsg. Franco Volpi. Stuttgart 1999, S. 1091 f. K. Bormann in: Großes Werklexikon der Philosophie. Hrsg. Franco Volpi. Stuttgart 1999, S. 1091 f.

Jahrhunderten ab. Andererseits gilt sein Werk seit der ‚Wiederentdeckung' im 19. Jahrhundert für manche als Keim und Vorläufer alles dessen, was für das neuzeitliche Denken bedeutsam geworden ist. Beide Urteile sind charakteristisch für eine neue Wertschätzung des Lehrers der Koinzidenz, können aber nicht als Ergebnisse rezeptionistischer Forschungen gelten."[16] Dabei ist zu berücksichtigen, dass es ihm nicht gegeben war, den Gesamtertrag seines Werkes in einer Art Summe zu präsentieren und damit die Bildung einer Cusanus-Schule als einer philosophischen Lehrweise zu begünstigen. Dennoch hat Nikolaus von Kues als eine epochale denkerische Gestalt sichtbare Zeichen gesetzt. Dass der Ertrag seines Lebenswerks nicht mit großen Neuigkeiten prunken kann, wie bisweilen – u.a. von Joseph Bernhart – hervorgehoben wird, muss nicht beunruhigen. Immerhin räumt derselbe kritische Betrachter seines Oeuvres ein:

„Unbefangene Versenkung in die Schriften des Cusaners, auch die seines Todesjahres (1464) noch, vernimmt einen Denker, der aus religiöser Tiefe mit dem Rätsel Gottes ringt, im Drange einer kosmisch fühlenden Frömmigkeit die Berührung mit dem Unbekannten sucht, dabei die Kirchenlehre, mit der bebürdet er seinem und der Mitwelt Heil zu dienen hofft, ohne philosophische Notwendigkeit mit sich trägt. Der Scheidestrich, der auch durch seine Mystik läuft, gibt das methodische Recht, ihre philosophische Seite von der theologischen getrennt zu erörtern."[17]

16 Tilmann Borsche, in: Klassiker der Religionsphilosophie von Platon bis Kierkegaard. S. 257.

17 Joseph Bernhart: Die philosophische Mystik des Mittelalters (1922). Darmstadt 1974, S. 229.

# IV. Die Texte

## Zur vorliegenden Ausgabe

Wenn nicht anders angegeben, erfolgen die Cusanus-Zitate auf der Grundlage der Übersetzung von Anton Scharpff (Freiburg 1862), überarbeitet und herausgegeben von Eberhard Döring 2005 im Marixverlag Wiesbaden. Die Zwischenüberschriften stammen vom Herausgeber dieser Ausgabe.

Um der Lesbarkeit des oft weit ausholenden, gelegentlich auch umständlich anmutenden Sprachstils entgegenzukommen, sind Auslassungen – wie schon in der Edition von Scharpff und Döring erfolgt – unerlässlich und in der vorliegenden Ausgabe durch (...) kenntlich gemacht.

Der Quellenangabe dienen folgende Siglen:

| | |
|---|---|
| Ber. | De beryllo – Über den Beryll |
| Conict. | De coniecturis – Über Mutmaßungen |
| Cribr.Alch. | De cribratione Alchoran – Über die kritische Sichtung des Korans |
| D.absc. | De Deo abscondito – Über den verborgenen Gott |
| D.ign. | De docta ignorantia – Über die belehrte Unwissenheit |
| Fil.D. | De filiatione Dei – Über die Gotteskindschaft |
| Gen. | Dialogus de Genesi – Dialog über die Schöpfung |
| Id.de.mente | Idiota de mente – Der Laie über den Geist |
| Lud.gl. | Dialogus de ludo globi – Dialog über das Kugelspiel |
| Non aliud | Directio speculantis seu de non alius – Die Ausrichtung des Beobachtenden oder Das Nicht-Andere |

| | |
|---|---|
| Pac.fid. | De pace fidei – Über den Frieden im Glauben |
| Poss. | Dialogus de Posset – Dialog über das Seinkönnen |
| Quaer.D. | De quaerendo Deum – Über das Gott-Suchen |
| Vent.sap. | De venatione sapientiae – Über die Jagd nach der Weisheit |
| Vis.D. | De visione Dei – Über die Schau Gottes |

## 1. Unser Wissen als Nichtwissen

*Seit der Frühzeit der abendländischen Philosophie besteht eine gewisse Einmütigkeit darin, dass allem menschlichen Weisheitsstreben ein hohes Maß an Bescheidenheit gut anstehe. Ihr befleißigt sich bereits Sokrates mit seinem programmatischen Geständnis vom wissenden Nichtwissen, das jedoch nicht mit Erkenntnisresignation gleichzusetzen ist: „Ich weiß, dass ich nichts weiß." Dionysios Areopagita (6. Jahrhundert) und die Vertreter der negativen Theologie sind sich dessen bewusst, dass alle vermeintliche Gotteserfahrung einer Nicht-Erfahrung entspricht, zumal menschliches Wissen dem Wesen der Gottesweisheit (theosophia) nicht angemessen ist. Im 19. Jahrhundert ist es der Däne Søren Kierkegaard, der auf den „unendlichen qualitativen Unterschied" zwischen Gott und Mensch hinweist. Der reformierte Karl Barth (1886 – 1968) und die an ihm sich orientierende Theologenschule haben sich diese Einsicht zunutze gemacht, und zwar in prinzipieller Ablehnung jeder Mystik, ja der Religion schlechthin. Nikolaus von Kues unternimmt es u.a. in seinem als Hauptwerk bezeichneten Buch von der wissenden Unwissenheit (De docta ignorantia, 1440), den Nachweis zu erbringen, dass das nach Wahrheit und absolutem Wissen von Gott, Welt und Mensch strebende Wissenwollen seinem „Gegenstand" letztlich nicht entspricht und nicht entsprechen kann. Nach der zugleich als eine Art Vorwort gedachten*

*Begrüßung seines Meisters, des Kardinals und „ehrwürdigen Vaters Julianus", beginnt Nikolaus im ersten Kapitel des ersten Buches der aus drei Büchern bestehenden Schrift:*

Als Gabe Gottes liegt in allen Dingen, wie wir sehen, ein natürliches Verlangen, auf eine bessere Weise zu existieren, wie es ihr natürlicher Zustand zulässt. Für dieses Ziel sind besonders diejenigen Wesen tätig und mit geeigneten Hilfsmitteln versehen, denen der Verstand angeboren ist, entsprechend dem Zwecke des Erkennens, auf dass jenes Verlangen nicht ein vergebliches sei (...)

Daher sagen wir, die gesunde und freie Vernunft erkenne das Wahre, das sie in einem ihr angeborenen unersättlichen Suchen, alles durchforschend, zu erreichen strebt, wenn sie es in liebendem Umfassen ergreift. Und wir zweifeln nicht, vollkommen wahr sei das, dem kein gesunder Verstand widersprechen kann (...) Jede Forschung ist mithin eine vergleichende (*comparativa*), mittels einer Proportion (...) Bekannt ist dies von der Mathematik, wo die ersten Lehrsätze auf die ersten und ganz bekannten Prinzipien leichter zurückgeführt werden, die späteren Lehrsätze aber schwieriger, weil es nur durch die Vermittlung jener möglich ist. Jedes Forschen bewegt sich also in einer leichten oder schwierigen vergleichenden Proportion nach einem Unendlichen hin, das als Unendliches – indem es sich jeder Proportion entzieht – unbekannt ist.

Da die Proportion ein Zusammenstimmen in einem gewissen Einen und zugleich ein Anderssein ist, so lässt sie sich ohne Zahl nicht denken. Die Zahl schließt somit alles Proportionale in sich. Nicht also bloß in der Quantität ist die Zahl, sondern in allem, was wie immer substanziell oder akzidenziell zusammenstimmen und differieren kann.

Deshalb hat wohl *Pythagoras* gelehrt, alles werde durch die Kraft der Zahlen geordnet und erkannt. Indessen eine präzise Kombination im Körperlichen und eine kongruente Anreihung des Unbekannten an das Bekannte geht über den menschlichen Verstand, weshalb *Sokrates* meinte, er wisse nichts, außer dass er nichts wisse. Der weise *Salomo* sagte, alle Dinge seien schwierig und nicht durch Worte zu erklären. Und ein anderer Mann voll des göttlichen Geistes sagt, verborgen seien die Weisheit und die Stätte der Erkenntnis vor den Augen aller Lebenden.

Wenn dem so ist, wie auch der tiefdringende *Aristoteles* in seiner „ersten Philosophie" sagt, dass selbst in den von Natur ganz unbekannten Dingen uns dieselben Schwierigkeiten begegnen wie der Eule, wenn sie die Sonne sehen will, so geht offenbar, da der Erkenntnistrieb nicht umsonst in uns ist, unser Verlangen dahin, zu wissen, dass wir nichts wissen. Bringen wir dieses Verlangen zur Vollendung, so erlangen wir die *Wissenschaft des Nichtwissens (doctam ignorantiam).* Auch der Wissbegierigste kann es in seiner Bildung zu keiner höheren Vollkommenheit bringen, als wenn er über die Unwissenheit, die dem Menschen eigen ist, recht unterrichtet erfunden wird. Zu dem Ende habe ich mir die Mühe genommen, über eben diese Wissenschaft des Nichtwissens einiges zu schreiben. (D.ign. I,1)

*Nach einer Überlegung darüber, inwiefern Vergleichungen aus Gegenständen der Sinnenwelt auf das Geistige übertragbar seien, geht Nikolaus der Frage nach, auf welche Weise es zutrifft, dass die präzise Wahrheit unerfassbar sei. Das Größte, über das hinaus es nichts Größeres geben kann – mithin „im einstimmigen Glauben aller Nationen ‚Gott' genannt" – vereint in sich die höchste Fülle (abundantia).*

*Ihr allein kommt die Einheit zu, auf die das Erkenntnisstreben des Kusaners gerichtet ist. Um der Klärung willen kann es auch nicht angehen, sich nur an den Buchstaben eines Textes zu halten, denn:*

Wer daher meinen Sinn erforschen will, muss über die Wortdeutung hinaus sich zum geistigen Verständnis erheben und nicht an der eigentlichen Bedeutung der Worte hängen bleiben, die zur Bezeichnung solcher Mysterien des Geistes in ihrer gewöhnlichen Bedeutung nicht ausreichen. Auch Vergleichungen aus der Sinneswelt muss man zur Anleitung anwenden, indem man sie auf das Geistige überträgt, auf dass der Leser leichter sich zur einfachen Vernunfterkenntnis (*intellectus*) erhebt. Den Weg hierzu bemühte ich mich auch gewöhnlichen Talenten so deutlich als möglich, mit Vermeidung aller Härte der Darstellung, zu zeigen. (D.ign. I,2)

Da es an und für sich klar ist, dass das Unendliche und Endliche in keiner Proportion zueinander stehen, so ist auch das ganz klar, dass man da, wo sich Ausschreitungen[18] finden, auf ein einfach Größtes nicht kommt, weil die Ausschreitungen endlich sind, das Größte aber als solches notwendig unendlich.

Nimmt man also irgendeinen Gegenstand, der nicht das schlechthin Größte selbst ist, so lässt sich immer ein größerer auffinden. Und da die Gleichheit eine stufenmäßige ist, sodass etwas dem einen gleicher ist als dem anderen, nach der generischen[19], spezifischen[20], räumlichen, zeitlichen etc.

18 Der Übersetzer Dupré (in der Edition von L. Gabriel) spricht vom Ausgehenden und Ausgegangenen.
19 Gemeint ist das Gattungsmäße (*genus*).
20 Von *species*, die Art.

Übereinstimmung und Verschiedenheit, so erhellt, dass nicht zwei oder mehrere so ähnlich und gleich sich finden lassen, dass sie nicht unendlich ähnlicher sein könnten.

Zwischen dem Maß und dem Gemessenen wird bei der größten Gleichheit immer noch eine Differenz übrig bleiben. Der unendliche Verstand kann mithin die Wahrheit der Dinge durch Aufsuchung der Ähnlichkeit (*per similitudinem*) nicht präzise erkennen. Denn die Wahrheit ist nicht ein Mehr und nicht ein Weniger, ein ungewisses Unteilbares, was von allem, das nicht die Wahrheit selbst ist, nicht präzise gemessen werden kann, so wenig, was nicht Kreis ist, den Kreis, dessen Sein in einem ungewissen Unteilbaren besteht, messen kann.

Unser Verstand (*ratio*)[21], der nicht die Wahrheit ist, erfasst daher die Wahrheit nie so präzise, dass nicht ein unendlich präziseres Erfassen möglich wäre. Er verhält sich zur Wahrheit wie das Vieleck zum Kreise. Mögen auch der Winkel noch so viele gemacht werden, so wird doch das Vieleck nie dem Kreise gleich, bis es sich in die Identität mit demselben auflöst. Wir wissen somit von der Wahrheit nichts anderes, als dass sie in präziser Weise unerfassbar ist. Sie ist die absoluteste Notwendigkeit, die nicht mehr und nicht weniger ist, als sie ist, unser Verstand ist die Möglichkeit. Das Was (*quidditas*) der Dinge, das die Wahrheit des Seienden ist, bleibt in seiner Reinheit unerreichbar. Alle Philosophen haben es gesucht, aber keiner, wie es an sich ist, gefunden. Je gründlicher aber unsere Überzeugung von diesem Nichtwissen ist, desto mehr werden wir uns der Wahrheit selbst nähern. (D.ign. I,3)

21 Üblicherweise unterscheidet Nikolaus Verstand (*ratio*) und Vernunft (*intellectus*).

## 2. Zum Erfassen göttlicher Wahrheiten – De docta ignorantia

*Überzeugt davon, dass die Vielheit der Dinge ohne den Begriff und die Anwendung der Zahl nicht bestehen könne, weil sie es ist, die Unterscheidung, Ordnung, Proportion und Harmonie gewährleistet, hat sich Nikolaus schon während seiner Studienjahre der Mathematik als einem unverzichtbaren Erkenntnisinstrument zugewandt. In der und durch die Einheit sieht er sowohl das quantitativ Kleinste als auch das Größte umfasst. Einheit ist zwar nicht Zahl, doch stelle sie das Prinzip aller Zahlen dar. Von daher blickt er auf die Einheit, der kein Gegensatz gegenübersteht. Unter diesem Blickpunkt hält Nikolaus die Mathematik für ein treffliches Erkenntnismittel, sich selbst göttlichen Wahrheiten im Sinne einer Entsprechung anzunähern. So ist es kein Zufall, dass er sich in seinen Darlegungen neben anderen namhaften Gewährsleuten der Antike wiederholt auf Pythagoras beruft. Als Christ hält er dieses Vorgehen für mit seinem Gottesglauben vereinbar, hat sich doch letztlich Gott selbst als Schöpfer der Zahl bedient, um das Universum, Inbegriff einer letzten großen Einheit, ins Werk zu setzen. Darüber schreibt er in seiner „Docta ignorantia", indem er der Zahl in der Hand des Schöpfers geradezu archetypische Bedeutung beilegt:*

Alle unsere weisen und frommen Kirchenlehrer sagen einstimmig, die sichtbaren Dinge seien Abbilder der unsichtbaren Welt. Der Schöpfer könne auf diesem Wege wie in einem Spiegel und Rätsel erkannt werden. Dass aber die geistigen, an sich von uns unerfassbaren Dinge auf dem

Wege des Symbols von uns erkannt werden, hat seinen Grund in dem oben Gesagten, weil alle Dinge in einem uns freilich unbekannten Verhältnis zueinander stehen, sodass aus allen das eine Universum sich herausstellt, und alles in dem einen Größten das Eine selbst ist.

Und wiewohl jedes Abbild dem Urbilde ähnlich ist, so ist doch außer dem größten Abbilde, welches dasselbe, was das Urbild ist, in der Einheit der Natur kein Abbild so ähnlich oder auch gleich, dass es nicht unendlich ähnlicher oder gleicher sein könnte (...)

Keiner der berühmten Alten hat schwierige Untersuchungen anders als mittels der Ähnlichkeiten, welche die Mathematik darbietet, angestellt. So lehrte *Boethius*[22], der berühmte römische Gelehrte, niemand könne es in den göttlichen Dingen zu einer Wissenschaft bringen, der keine Übung in der Mathematik habe. Und setzte nicht *Pythagoras*, der erste Philosoph, dem Namen und der Tat nach, alle Untersuchung der Wahrheit in das Verständnis der Zahl? Ihm folgen die *Platoniker* und die ersten christlichen Philosophen in dem Grade, dass unser *Augustin* und nach ihm *Boethius* behaupteten, die Zahl sei im Geiste des Schöpfers das Urbild der zu erschaffenden Dinge gewesen.

Wie konnte uns *Aristoteles*, der durch Widerlegung seiner Vorgänger als Einziger dastehen wollte, in der Mathematik anders die Differenz der Arten lehren, als indem er sie mit den Zahlen verglich? Indem er uns über die Gestalt der Naturwesen und wie eine in der andern enthalten ist,

22 Anicius Manlius Severinus Boethius, Autor des in der Haft verfassten berühmten philosophischen Trostbuches *De consolatione philosophiae*, 524 in Pavia hingerichtet, spricht darin mit der personifizierten Philosophie über Leben und Schicksal und lässt sich von der Philosophie zu den Ordnungen des ewigen Geistes führen.

belehren wollte, nahm er zu den mathematischen Formen seine Zuflucht, wenn er sagt: Wie das Dreieck in dem Viereck, so ist das Niedere in dem Höheren enthalten, um nichts von unzähligen anderen Vergleichungen zu sagen (...)

Hat nicht die Lehre der *Epikureer* von den Atomen und vom leeren Raume, eine Ansicht, die Gott leugnet und alle Wahrheit aufhebt, nur durch den mathematischen Beweis der *Pythagoreer* und *Peripatetiker* ihre Widerlegung gefunden, indem sie zeigten, man könne nicht auf unteilbare und einfache Atome kommen, die *Epikur* als Prinzip aufnahm? Auf diesem Wege der Alten also, mit ihnen vorgehend, sagen wir, dass wir uns, da man einmal zum Göttlichen mittels der Symbole gelangen kann, der mathematischen Zeichen wegen ihrer unzerstörbaren Gewissheit am passendsten bedienen können. (D.ign. I,11)

*Im weiteren Verlauf seiner Suche nach der wissenden Unwissenheit (docta ignorantia) kommt Nikolaus auf die sich ihm ergebenden Folgerungen zu sprechen, die er ebenfalls unter Zuhilfenahme mathematisch-geometrischer Vorstellungen erläutert:*

Die endliche Linie ist teilbar, die unendliche nicht. Allein die endliche ist nicht teilbar (bis) in eine Nicht-Linie, daher ist die endliche Linie im Wesen der Linie unteilbar (...) Eine fußlange Linie ist demnach nicht kleiner als eine ellenlange Linie. Hieraus folgt, dass die unendliche Linie der rationelle Grund der endlichen ist. So ist denn auch das Größte der rationelle Grund von allem und als solcher das Maß von allem.

Mit Recht sagt daher *Aristoteles* in der Metaphysik, das Erste sei das Maß von allem, weil der Grund von allem. Ferner: Wie die unendliche Linie unteilbar, deshalb auch ewig und unveränderlich ist, so auch Gott als Grund von allem. Hier zeigt sich wieder der Geist des großen *Dionysios*[23], wenn er sagt, das Wesen der Dinge sei unzerstörbar. Der göttliche *Platon* sagte mit den Worten des Chalkidios im *Phaidon*, Eines sei das Urbild oder die Idee von allem, sofern es in sich ist. In Hinsicht aber auf die Vielheit der Dinge scheint es mehrere Urbilder zu geben. Allein wenn ich eine Linie von zwei und eine andere von drei Fuß habe, so ist das Wesen der Linie in beiden gleich. Die Verschiedenheit bezieht sich auf die Länge. In der unendlichen Linie fällt diese Verschiedenheit weg, und nur der rationelle Grund der Linie bleibt in ihr für beide (…)

So kann die Vernunft durch Vergleichung des Größten mit der unendlichen Linie sich helfen und im Heiligtum des Nichtwissens (*in sacra ignorantia*) große Fortschritte machen. Denn das sehen wir nun klar, dass wir Gott nur durch Entfernung der Partizipation aller Dinge finden. (Das heißt:) Alles partizipiert an dem Sein. Nehmen wir dieses Partizipieren hinweg, so bleibt das einfachste Sein selbst, die Wesenheit der Dinge übrig. Der große *Dionysios* sagt, die Erkenntnis Gottes führe mehr zum Nichts als zum Etwas hin. Das heilige Nichtwissen belehrt uns aber, dass, was der Vernunft Nichts zu sein scheint, eben das unbegreiflich Größte ist. (D.ign. I,17)

*Nach Besprechung des Dreiecks als der vereinfachten Figur eines Vielecks kommt Nikolaus auf den unendlich gedachten Kreis als Versinnbildlichung der Einheit zu sprechen. Von*

23 Gemeint ist Dionysios Areopagita, um 500, um eine Verwechslung, etwa mit einem zeitgenössischen, der praktischen Mystik zugewandten Kartäusermönch gleichen Namens (latinisiert: Dionysius) auszuschließen.

*daher fällt auch ein Licht auf seine Einschätzung der verschiedenen Stadien der Zeit, die seiner Überzeugung nach einander entsprechen. Letztlich aber geht es ihm darum, zu einem – wenigstens analogen und annähernden – Verständnis der Wesenheit Gottes zu gelangen:*

Der Kreis ist die vollkommene Figur der Einheit und Einfachheit. Das Größte, unter dem Bilde des unendlichen Kreises betrachtet, ist daher die *absolute Einheit und Identität seines Wesens,* ohne Verschiedenheit und Anderssein, sodass seine Güte nicht anders ist als seine Weisheit, sondern dasselbe. Alle Verschiedenheit (*diversitas*) ist in ihm Einheit (*unitas*). Da mithin seine Macht, wenn ich so sagen darf, die geeinteste (*unissima*) ist, so ist sie auch die stärkste und unendlichste (*infinitissima*). In der geeinigten Dauer des Größten ist die Vergangenheit nicht etwas anderes als die Zukunft und die Zukunft nichts anderes als die Gegenwart – *Ewigkeit ohne Anfang und Ende.*

Da im größten Kreise auch der Durchmesser der größte ist, und es nicht mehrere Größte geben kann, so ist der größte Kreis so sehr geeint (*in tantum unissimus*), dass Durchmesser und Umkreis Eins sind. Ein unendlicher Durchmesser hat aber auch eine unendliche Mitte oder Zentrum. Im größten Kreise sind mithin Zentrum, Durchmesser und Peripherie Eins. Daraus folgert unser System des Nichtwissens (*ignorantia nostra*), dass das Größte auch auf das Vollkommenste in allem ist, einfach und unteilbar, weil das unendliche Zentrum außer allem, alles umfassend, weil unendliche Peripherie alles durchdringend, weil unendlicher Durchmesser (...)

Nur das Eine bemerke ich noch: Die ganze Gotteslehre ist kreisförmig und bewegt sich im Kreise, sodass die göttlichen Attribute sich gegenseitig bewahrheiten: Die höchste Gerechtigkeit ist die höchste Wahrheit, und die höchste Wahrheit ist die höchste Gerechtigkeit. Dehnst du diesen Gedanken weiter aus, so werden dir viele theologische Materien, die dir jetzt noch verborgen sind, ganz klar werden. (D.ign. I,21)

*Aus dem bisher Gesagten ergibt sich für Nikolaus nun eine Fortführung – der Schritt vom Kreis zur Kugel –, bei dem die wiederum unendlich gedachte Kugel einen Vergleich mit Blick auf die alles bewirkende Existenz Gottes nahelegt.*

In der unendlichen Kugel sehen wir die drei größten Linien der Länge, Breite und Tiefe im Zentrum zusammenlaufen. Das Zentrum der größten Kugel ist aber gleich dem Durchmesser und der Peripherie. Es ist folglich das Zentrum jenen drei Linien gleich. Ja, das Zentrum ist sie alle: Länge, Breite und Tiefe (…)

Wie die Kugel die höchstmögliche Vollendung der Figuren ist, so ist das Größte die vollkommenste Vollendung von allem, sodass alles Unvollkommene in ihm das Vollkommenste ist, wie die unendliche Linie Kugel und in ihr das Krumme gerade, das Zusammengesetzte einfach, das Verschiedene identisch, das Anderssein Einheit ist. Wie könnte dort eine Unvollkommenheit sein, wo die Unvollkommenheit die höchste Vollkommenheit, die Möglichkeit die unendliche Wirksamkeit ist etc.? (…)

Gott ist daher der einzige, einfachste rationelle Grund (*ratio*) des ganzen Universums. Und wie aus unendlich vielen Umkreisen (*circulationes*) die Kugel entsteht, so ist Gott als die größte Kugel das einfachste Maß aller kreisförmigen Bewegungen, denn alle Belebung (*vivificatio*), Bewegung und Intelligenz ist aus ihm, in ihm und durch ihn, bei dem eine Kreisbewegung der achten Sphäre nicht kleiner ist als die der unendlichsten, weil er das Ziel aller Bewegung ist, in dem alle Bewegung als in ihrem Ziele zur Ruhe kommt. Es ist nämlich dasjenige die größte Ruhe, in dem alle Bewegung Ruhe ist.

So ist denn die größte Ruhe das Maß aller Bewegung, wie das größte Gerade das Maß aller Umkreise, die größte Gegenwart oder die Ewigkeit das Maß aller Zeiten ist. Und weil Gott das Sein alles Seins ist und alle Bewegung sich auf das Sein bezieht, so ist er, das Ziel der Bewegung, auch die Ruhe der Bewegung. Das ist das Prinzip (*forma*) und die Wirksamkeit des Seins.

Alles Seiende hat daher einen Zug zu ihm. Weil es aber endlich ist und nicht auf gleiche Weise an ihm partizipieren kann, so partizipieren die einen Wesen an dem Ziel aller Dinge mittels der andern, wie die Linie mittels des Dreiecks und Kreises, das Dreieck mittels des Kreises, der Kreis durch sich selbst zur Kugel wird. (D.ign. I,23)

*Nikolaus ist sich dessen bewusst, dass eine affirmative Theologie, das heißt eine solche, die von bestimmten Aussagen über angenommene Eigenschaften Gottes bestimmt ist, dem letztlich unbeschreibbaren Wesen Gottes nicht gerecht wird. Dies ergibt sich aus der Tatsache, dass alle Beschreibungen oder Vergleiche, die wir Gott beilegen, aus dem Vergänglichen und aus dem Augenschein genommen sind. Dennoch kann das religiöse Leben in Kultus und Verkündigung auf derartige positive Aussagen nicht verzichten. Doch es sind – gemäß 2 Kor 4,7 in der Luther-Verdeutschung – bestenfalls „irdene Gefäße", aber nicht sein nichtdinglicher, überirdischer Inhalt. Das ist der Grund, weshalb er der affirmativen*

*Theologie eine negative Theologie als Korrektiv gegenüberstellt und vorzieht, wie sie ihm in der Hauptsache bei dem von ihm hochgeschätzten „großen Dionysios" begegnet ist. Ein anderer Gewährsmann ist für ihn Meister Eckhart, obwohl er und Nikolaus sich in dieser Hinsicht unterscheiden. Bezüglich des erwähnten Unterschieds der beiden theologischen Ansätze gibt Nikolaus zu bedenken:*

Da die Gottesverehrung im Geiste und in der Wahrheit sich notwendig auf positive Aussagen von Gott gründet, so erhebt sich jede Religion in ihrer Gottesverehrung notwendig mittels der affirmativen Gotteslehre zur Anbetung Gottes als des Einen und Dreieinigen, Weisen, Gnädigen, des Lebens, der Wahrheit etc., indem sie dieser Verehrung durch den Glauben, den sie durch die Wissenschaft des Nichtwissens richtiger auffasst (*verius attingit*), die Richtung gibt, durch den Glauben nämlich, der, den sie als den Einen anbetet, sei alles in Einheit, und den sie als das unzugängliche Licht verehrt, sei nicht ein physisches Licht, das die Finsternis zum Gegensatze hat, sondern das einfachste und unendliche Licht, in dem die Finsternis unendliches Licht ist, das beständig in der Finsternis unseres Nichtwissens leuchtet, aber in dieser Finsternis nicht erfasst werden kann.

Daher ist die *negative Gotteslehre* eine so notwendige Ergänzung der positiven, dass ohne sie Gott nicht als unendlicher Gott, sondern vielmehr als Geschöpf verehrt würde. Dies Letztere ist Götzendienst, der dem Abbilde erweist, was nur der Wahrheit gebührt. Daher dürfte es zweckmäßig sein, über die negative Gotteslehre noch einige Worte beizufügen.

Unsere heilige Wissenschaft des Nichtwissens (*sacra ignorantia*) hat uns belehrt, dass Gott unaussprechlich ist, weil er größer ist als alles, was genannt werden kann. Da dies ausgemacht ist, so werden wir von ihm richtiger auf dem Wege des Ausschließens und Negierens, gleich dem großen *Dionysios*, der ihn weder Wahrheit noch Vernunft, noch Licht, noch irgendetwas, was sich aussprechen lässt, genannt wissen wollte, denken. (D.ign I,26)

*Wie weitreichend die Forderung nach Ausschluss und Negation positiver dogmatischer Sätze ist, ergibt sich folgerichtig daraus, dass er selbst so elementare Glaubensaussagen wie die über die göttliche Trinität betroffen sein lässt:*

Ihm folgten der Rabbiner Salomon und alle Philosophen. Nach dieser negativen Gotteslehre ist daher Gott weder Vater, noch Sohn, noch Heiliger Geist, sondern nur unendlich. Die Unendlichkeit als solche ist weder zeugend noch gezeugt, noch hervorgehend. Daher hat Hilarius von Poitiers sehr scharfsinnig in der Unterscheidung der göttlichen Personen gesagt: Im Ewigen ist Unendlichkeit, Idee, Ausübung. Er will sagen: Obwohl wir in der Ewigkeit nur die Unendlichkeit sehen können, so kann doch die Unendlichkeit, die die Ewigkeit ist, weil negativ, nicht als zeugend aufgefasst werden, wohl aber die Ewigkeit, weil sie die Affirmation der Einheit oder größten Gegenwart ist. Sie ist daher der Anfang ohne Anfang. Die Idee (*species in imagine*) ist der Anfang vom Anfang (*principium a principio*), die Ausübung ist das Hervorgehen aus beidem.

Dies ist durch das früher Gezeigte ganz klar, denn obwohl die Ewigkeit Unendlichkeit ist, sodass die Ewigkeit ebenso wenig Ursache des Vaters ist, als die Unendlichkeit, so wird doch in der Betrachtungsweise die Ewigkeit dem Vater, nicht dem Sohne und Heiligem Geist zugeschrieben, die Unendlichkeit hingegen nicht einer Person mehr als der andern, weil die Unendlichkeit als Einheit betrachtet der Vater, als Gleichheit der Einheit der Sohn, als Verbindung beider der Heilige Geist ist (...) (D.ign. I,26)

*Nikolaus kommt mit seinen bei erstem Hinsehen bisweilen befremdlich erscheinenden Gedankengängen bezüglich der von ihr entworfenen Gottesvorstellung daher zu folgendem Resultat:*

Aus dem Gesagten erhellt, dass in der Gotteserkenntnis die Negation wahr, die Affirmationen unzureichend sind. Je mehr Unvollkommenheit eine Negation von dem vollkommensten Wesen entfernt, desto wahrer ist sie. So ist es wahrer, Gott sei kein Sein, als er sei nicht das Leben oder die Intelligenz, wahrer, er sei nicht die Trunkenheit, als er sei nicht die Tugend. Das Gegenteil gilt von den Affirmationen. Es ist eine wahrere Affirmation, Gott sei die Intelligenz oder das Leben, als er sei Erde, Stein, Körper. Alles dies ist aus dem früher Gesagten ganz klar.

Als Schlusswahrheit ergibt sich, dass die präzise Wahrheit in der Finsternis unseres Nichtwissens in unerfassbarer Weise leuchtet, und das ist die Wissenschaft des Nichtwissens (*docta ignorantia*), die wir gesucht haben, durch die wir allein dem größten, dreieinigen Gott von unendlicher Güte auf den Stufen dieser Wissenschaft des Nichtwissens uns nahen können, um ihn aus allen unseren Kräften ewig dafür zu loben, dass er selbst sich uns als unbegreiflich zu erkennen gibt, der über alles gepriesen sei in Ewigkeit. Amen. (D.ign. I,26)

## 3. Zwei Weisen der Schau Gottes – De visione Dei

*Die angesichts seiner vielseitigen Reisetätigkeit relativ umfangreiche literarische Hinterlassenschaft des Nikolaus von Kues besteht in der Hauptsache aus Büchern religionsphilosophischen Inhalts. Er hat zwar Schriften von Mystikern gelesen, auch besaß er entsprechende lateinische Texte, beispielsweise von Meister Eckhart, an dem er sich spirituell orientiert hat. Aber nach allgemeiner Einschätzung hält man nur ein einziges der Cusanus-Werke für eine im engeren Sinn des Wortes mystische oder mystologische Schrift. Dabei handelt es sich um „De visione Dei – Über die Schau Gottes". Das in mehreren Handschriften überlieferte Werk trägt den lateinischen Titel „Tractatus ... domini Nicolai de Cusa ... de visione Dei – sive de icona liber" – Das ist: „Abhandlung über die Gottesschau oder das Bild, verfasst von Herrn Nikolaus von Kues, Priester, Kardinal von St. Peter in Ketten und Bischof von Brixen". Bestandteil dieser Überschrift ist gleichzeitig der Adressat des Buches. Es handelt sich um den Abt, dessen Prior samt den Brüdern vom Benediktinerkloster Tegernsee.*

*Zwischen den Tegernseer Mönchen und Nikolaus bestand um und nach 1452 der bereits erwähnte ausführliche briefliche Gedankenaustausch, von dem noch zu sprechen sein wird. Er bezog sich auf Fragen der Gotteserfahrung, speziell darauf, auf welche Weise die menschliche Seele zu Gott gelangen könne, sei es erkennend, sei es durch liebende Hingabe an Gott. Immer wieder ging es in den Briefen um geistlich-theologische Literatur, die man sich durch Leihgaben aus anderen Klöstern sowie durch Abschriften zu be-*

*schaffen suchte. Mystische Texte spielten dabei eine wichtige Rolle, zumal es darum ging, die für das eigene geistliche Leben erforderliche Wegweisung zu erhalten.*

*Nicht immer entsprach die zur Verfügung stehende Literatur den konkreten Bedürfnissen der Ordensleute. Abt Kaspar Aindorffer klagt darüber, dass selbst in mystischer Theologie erfahrene Autoren in speziellen Fragen nichts Angemessenes zu sagen wissen. So soll der gelehrte Nikolaus einspringen, dem man die erforderliche Kompetenz beimisst: „Denn, ach, diese Autoren täuschen sich selbst und andere. Und deshalb wäre es recht nützlich, bei den Weisen, Wissenden und Erfahrenen um Rat zu fragen, aber es gibt nur recht wenige, die eine gesunde Antwort zu geben wissen. Möge mir der hochwürdigste Vater (d.i. Nikolaus) gnädig sein, wenn ich Ungebührliches vorbringe … und in Bezug auf das ergebene Verlangen der Brüder geschehe das, was gut und nützlich scheint.“[24] In diesem Kontext stehen somit Nikolaus‘ Ausführungen. Wie aus der Vorrede zu seinem Traktat „De visione Dei“ ersichtlich, ist der Verfasser bestrebt, den Fragestellern darin einen „leicht fasslichen Zugang zur mystischen Theologie“ zu bieten. Zuversichtlich gestimmt, meint Nikolaus, in der Anregung eines „süßen Verkostens“ an unmittelbare Gotteserfahrung heranzuführen.*

Ich bitte den Allmächtigen, dass er mir das Wort von oben verleihe, welches allein sich selbst darlegen kann, um nach Eurer Fassungskraft wunderbare Dinge Euch zu erzählen, die weit über alle Sinnes-, Verstandes- und Vernunfterkenntnis hinaus nur geoffenbart werden. Ich werde auf

24 Kaspar Aindorffer an Nikolaus von Kues, in: Deutsche Mystikerbriefe, a.a.O., S. 548.

die einfachste und gemeinverständlichste Weise mittels einer sinnlichen Anleitung (*experimentaliter*) Euch in das geheiligte Dunkel führen. Dort angelangt, werdet Ihr das unzugängliche Licht wahrnehmen, und jeder mag dann, wie es ihm von Gott gegeben ist, demselben sich immer mehr nähern und in einem süßen Verkosten einen Vorgeschmack des Mahles ewiger Glückseligkeit empfinden, zu dem wir im Worte des Lebens durch das Evangelium Christi berufen sind, der gepriesen sei in Ewigkeit! (Vis.D., Vorwort)

*Seiner üblichen Vorgehensweise gemäß bedient sich Cusanus eines Porträt-Bildes (ikon), wie man es in der Renaissance-Malerei herzustellen pflegte. Auf seinen diversen Reisen, u.a. in Nürnberg, hat er wiederholt eigentümliche Christusmalereien gesehen. Sie zeichneten sich dadurch aus, dass sie den Eindruck erweckten, der Blick des Dargestellten wende sich jeweils unmittelbar dem Betrachter zu, und zwar völlig unabhängig vom Standort des Betreffenden, also ganz gleich, ob er rechts, in der Mitte oder links vom Bild steht. Um den Tegernseer Mönchen das erforderliche Anschauungsmaterial zu bieten, übermittelt ihnen Nikolaus ein solches kleinformatiges Bild (icona). In der genannten Schrift nimmt der Verfasser darauf Bezug.*

*Was nun das Buchthema betrifft, so geht es bei dieser „visio Dei" um zweierlei Schau: um die Schau vom Menschen her, aber auch und im Besonderen um das Schauen Gottes als des Allsehenden oder das Sehen Christi, dessen Auge ununterbrochen auf den Menschen gerichtet ist. Beiden Weisen des Gewahrwerdens kommt eine besondere Bedeutsamkeit zu. Daher das Vorwort, mit dem Nikolaus dem Verlangen seiner Tegernseer Briefpartner entsprechen will.*

Soll ich Euch auf menschlich verständliche Weise zum Göttlichen hinführen, so bedarf es hierzu eines Bildes. Unter Werken von Menschenhand fand ich kein Bild, das sich für meinen Zweck mehr eignet als ein Bild des *Allsehenden*, das von geschickter Künstlerhand so gemalt ist, dass es nach allen Seiten zu sehen scheint. Es gibt treffliche Bilder dieser Art auf dem Markte zu Nürnberg, zu Brüssel von dem ausgezeichneten Maler Roger auf einem sehr kostbaren Gemälde, das sich in der Wohnung des Statthalters befindet, zu Koblenz in meiner Kapelle zur hl. Veronika, zu Brixen in der Engelsburg und mehrere andere. (Vis.D., Vorwort)

*Nachdem Nikolaus bezüglich der Aufstellung und des Umgangs mit dem Bild einige Anregungen gegeben hat, sodass jeder Betrachter einen entsprechenden Eindruck vom unablässig mitgehenden Anblick des Dargestellten erhalten kann, kommt der Autor auf die theologische Bedeutung dieses Phänomens zu sprechen:*

Wenn jeder beachtet, dass jener Blick keinen verlässt, so überzeugt er sich, dass er für jeden so große Sorge trägt, als gehe der sorgende Blick nur auf den allein, der sich beobachtet sieht, und auf keinen andern, dergestalt, dass der von dem Blicke Beobachtete es nicht fassen kann, dass das Antlitz auch für einen andern Sorge trägt. Er überzeugt sich auch, dass der Blick für das kleinste Geschöpf die größte Sorge wie für das größte und für das ganze Universum trägt.

Nach diesem sinnlichen Bilde (*apparentia*) gedenke ich Euch, geliebte Brüder, auf dem Wege frommer Betrachtung (*per quandam praxin devotionis*) in das Gebiet der mystischen Theologie zu erheben, wozu ich drei hierfür geeignete Sätze vorausschicke. (Vis.D., Vorwort)

Erstens:
Gott, das Höchste aller Vollkommenheit, größer als unser Gedanke, wird eben deshalb *theós* genannt, weil er alles sieht. Wenn daher der gemalte Blick auf einem Bilde die Erscheinung eines zugleich alles und jedes Einzelne – denn das ist eben das vollkommene Sehen – sehenden Blicks gewinnt, so kann dies bei der lebendigen Wirklichkeit in nicht geringerem Grade zutreffen als bei dem Bilde in der Sphäre der sinnlichen Erscheinung (...)

Gott nun, das wahre, unbeschränkte Sehen, ist nicht geringer als unser Begriff von dem reinen Sehen, sondern außer allem Verhältnisse vollkommener. Die konkrete Erscheinung in jedem Bilde kann sich daher noch weit weniger der höchsten Vollkommenheit des absoluten Sehens nähern als der Begriff davon. Was daher in jenem Bilde sinnlich hervortritt, muss ohne Zweifel im absoluten Sehen auf eminente Weise sich wiederfinden.

Fürs Zweite beachte,
dass das Sehen in den Sehenden variiert, infolge der verschiedenen konkreten Form derselben. Denn unser Sehen richtet sich nach den Affektionen des Sehorgans und des Gemütes. Es sieht einer jetzt liebreich und freudig drein, jetzt schmerzlich und erbittert, erst als Knabe, dann als Mann, zuletzt als Greis. Das *absolute Sehen* aber, frei von jeder Beschränktheit, zugleich und einmal begreift alle und jede Art des Sehens in sich, als deren adäquatestes Maß und wahrstes Vorbild. Denn ohne das absolute Sehen gibt es kein endliches Sehen. Es begreift alle Arten des Sehens so in sich, dass es zugleich jedes einzelne umfasst, und bleibt von jeder Verschiedenheit gänzlich frei. In ihm sind alle konkreten Arten des Sehens auf nicht konkrete Weise (...)

Ohne Konkretheit gibt es kein Konkretes. So ist denn das absolute Sehen in jedem Sehen, weil jedes konkrete Sehen durch dasselbe ist und ohne dasselbe nicht sein kann.

Drittens:
Als Folgesatz aus dem Gesagten beachte, dass alle Aussagen von Gott wegen dessen höchster Einfachheit keine realen Differenzen sein können, wiewohl wir nach diesen oder jenen Beziehungen immer wieder andere Namen geben. Da aber Gott die absolute Vernunft ist, so fasst er alle vernünftigen Verhältnisbestimmungen in sich. Wenn wir daher auch Gott Sehen, Hören, Schmecken, Riechen, Tasten, Sinn, Verstand, Vernunft etc. zuschreiben, nach den verschiedenen Gesichtspunkten, welche jedes dieser Worte angibt, so ist doch sein Sehen nicht verschieden von seinem Hören, Tasten, Fühlen, Denken, Begreifen.

Daher sagt man, die ganze Gotteslehre bewegt sich im Kreise, weil eines der göttlichen Attribute auch von dem andern ausgesagt wird. Gottes Haben ist sein Sein, sein Bewegen Stillstehen, sein Laufen ein Ruhen etc. Mögen wir ihm nach einem Gesichtspunkte Bewegung zuschreiben, nach einem andern Stillstehen, so kann doch in Gott, weil er die absolute Identität ist, eine Verschiedenheit von Bestimmungen, die nicht zugleich Identität wäre, wenigstens nach dem, was wir uns unter Verschiedenheit denken, nicht bestehen. (Vis.D. 1 – 3)

### *a) Das Sehen Gottes als Gegenwart und Leben*

*Nach dieser Vorüberlegung fordert Nikolaus den zur Betrachtung bereiten Bruder auf, an das Porträt heranzutreten und es bald aus östlicher, bald südlicher und westlicher*

*Position in Augenschein zu nehmen. Um ihn zum Nachdenken anzuregen, legt er ihm Worte in den Mund, die seine Meditation von der fortwährenden Gottesgegenwart unterstützen mögen. Es geht letztlich darum, dass jeder in die Betrachtung Vertiefte erkennt, worin das Sehen Gottes besteht – es ist die göttliche Liebe:*

Herr, jetzt schaue ich in diesem deinem Bilde deine *Vorsehung* in einer sinnlichen Erfahrung. Denn wenn du mich nicht verlässt, der ich der Geringste von allen bin, so verlässt du keinen Menschen. Bei allem und jedem bist du ebenso, wie bei allem und jedem das Sein ist, ohne das sie nicht sein können. Du, das absolute Sein von allem, bist so bei allen, als hättest du keine Sorge (auch) für etwas anderes. Dies kommt daher, weil jedes Wesen sein Sein allen anderen und seine Art des Seins allen anderen Arten vorzieht, und sein Sein dergestalt beschützt, dass es das Sein aller andern lieber als das seinige zugrunde gehen ließe. Denn du, o Herr, schaust jedes Wesen so an, dass man denken sollte, du habest keine andere Sorge, als dass nur dieses angeschaute Wesen auf die bestmögliche Weise existiere und dass alle andern Wesen nur dazu da seien, um zu dienen, damit das Wesen, das du so anschaust, auf das Beste existiere. Du lässt es, o Herr, mich durch keine Vorstellung denken, dass du ein anderes Wesen mehr liebst als mich, da nur mich dein Blick nicht verlässt. Und weil da das Auge ist, wo die Liebe (gegenwärtig ist), so erkenne ich, dass du mich liebst, weil auf mich, deinen Knecht, deine Augen mit der größten Aufmerksamkeit gerichtet sind.

*Herr, dein Sehen ist Lieben.* Und wie dein Blick sich so aufmerksam mir zuwendet, dass er sich niemals von mir kehrt, so auch deine Liebe. Und weil deine Liebe immer bei mir ist, und deine Liebe, o Herr, nichts anderes ist, als du selbst, der du mich liebst, so bist du immer bei mir, o Herr!

Du verlässt mich nicht, beschützt mich von allen Seiten, weil du die größte Sorgfalt für mich trägst. (Vis.D. 4)

*Das Sehen Gottes könnte nicht substanzieller sein, weil es die Existenz des Menschen begründet, denn die auf diese Weise seines Sehens sich ereignende Gegenwart Gottes ist es, die den Menschen überhaupt erst leben lässt. Dazu bedarf es freilich auch eines jeweils innewerdenden Mit-Tuns. Das heißt: für die Gegenwart bewusst bleiben und für sie immer neu empfänglich werden. Damit ist dem geistlichen Leben die erforderliche Richtung gewiesen, nämlich auf ein Ähnlichwerden hin. Die spirituellen Meister seiner Zeit sprachen von der „conformitas", von dem Christus gleichförmig werden als einer Weise der Christus-Nachfolge.*

Dein Sein, o Herr, verlässt mein Sein niemals. Denn nur so weit bin ich, als du bei mir bist. Und da dein Sehen dein Sein ist, so bin ich, weil du auf mich siehst. Und wendest du deinen Blick von mir ab, so bin ich nicht mehr. Doch ich weiß, dass dein Blick jene größte Güte ist, welche sich jedem Empfänglichen mitteilen muss. Du kannst mich also niemals verlassen, solange ich für dich empfänglich bin. Meine Sache ist es daher, immer mehr für dich empfänglich zu werden. Ich weiß aber, dass die Empfänglichkeit, die zur Einigung führt, ein Ähnlichsein (*similitudo*) ist. Die Unempfänglichkeit kommt aus der Unähnlichkeit. Mache ich mich also auf jede mögliche Weise deiner Güte ähnlich nach den Stufen der Ähnlichkeit, so werde ich für die Wahrheit empfänglich sein. (Vis.D. 4)

*Was Nikolaus – von dem erwähnten Gleichnisbild ausgehend – auf das Sehen Gottes, des Allsehenden, zu übertragen versuchte, das ist im Gang seiner Darlegungen mehr und mehr vom optischen Anschauen des Bildes zum „Blick des Geistes" übergegangen, schließlich zur Umarmung und zum Umarmtwerden durch die Gottesliebe. Und die mündet endlich in die Teilhabe am ewigen Leben ein, in einem einzigen mystischen Einswerden.*

Du hast mir, o Herr, das Sein gegeben, und zwar ein solches Sein, das sich deiner Gnade und Güte immer empfänglicher machen kann. Die Kraft, die ich von dir habe, in welcher ich das lebendige Bild deiner Allmacht besitze, ist der freie Wille, durch welchen ich die Empfänglichkeit für deine Gnade erweitern oder einschränken kann: erweitern durch Gleichförmigkeit, wenn ich gut zu sein trachte, weil du gut bist, gerecht, weil du gerecht, barmherzig, weil du barmherzig bist. (Das ist so), weil all dein Streben auf mich gerichtet ist, wenn ich ganz aufmerksam nur auf dich hinsehe und nie den Blick meines Geistes wegwende. (Das ist so), weil du mich beständig mit deinem Blick umgibst. (Das ist so), wenn ich meine Liebe nur dir zuwende, weil du, der du die Liebe bist, nur mir zugewandt bist.

Was ist, Herr, mein Leben anderes als die Umarmung, mit welcher deine süße Liebe mich so liebend umfasst? Ich liebe mein Leben, weil du die Süßigkeit (*dulcedo*) meines Lebens bist. Ich erblicke jetzt in dem Bilde, wie in einem Spiegel, das ewige Leben (*vitam aeternam*), weil dieses nur das selige Anschauen (*visio beata*) ist, mit welchem du in höchster Zärtlichkeit bis ins Innerste meines Herzens (*ad intima animae meae*) mich zu sehen nicht aufhörst.

Dein Sehen ist ein Beleben (*vivificare*), ein beständiges Einflößen der süßesten Liebe zu dir,
durch das Entflammen ein Nähren,
durch das Nähren ein Anfeuern der Sehnsucht,
durch das Anfeuern ein Tränken mit dem Taue der Wonne,
durch das Tränken ein Einsenken der Quelle des Lebens,
durch das Einsenken ein Vermehren und Andauern
und ein Mitteilen deiner Unsterblichkeit,
ein Verleihen der unverwelklichen Glorie
des himmlischen, höchsten und größten Reiches,
ein Mitteilen jener Erbschaft,
welche nur dem Sohne gehört,
ein Inbesitznehmen der Seligkeit,
wo der Urquell aller Wonnen (*ortus*) ist,

die je erstrebt werden können, über welchen hinaus etwas Besseres nicht nur keinem Menschen oder Engel denkbar ist, sondern auch in keiner Weise des Seins existiert. Denn es ist die absolute Größe selbst von jedem vernünftigen Verlangen, die nicht mehr größer sein kann. (Vis.D. 4)

*Im Begriff, seine Leser immer näher an das Erleben der Geistberührung und der jenseits aller Worte zu erlangenden Erfahrung Gottes – freilich immer noch gleichnishaft – heranzuführen, setzt Nikolaus nicht nur den Gang seiner Belehrung in der begonnenen Weise fort. Er kommt auch darauf zu sprechen, wie der Mensch nun seinerseits zur Schau Gottes übergeht.*

O Größe der Süßigkeit, die du denen, die dich fürchten, vorbehalten hast! Es ist ein unerschöpflicher Schatz der vollsten Freude. Deine Süßigkeit verkosten heißt in unmittelbarer Berührung (*experimentali contactu*) die Lieblichkeit alles Ergötzlichen in seinem Ursprunge erfassen und den vernünftigen Grund alles Ersehnenswerten in deiner Weisheit erreichen.

Die absolute Vernunft (*ratio absoluta*), welche die Vernunft aller (*ratio omnium*) ist, sehen heißt nichts anderes, als dich, o Gott, geistig verkosten, weil du die Lieblichkeit selbst bist, das Sein des Lebens und Denkens. Was anderes ist daher *dein Sehen*, o Herr, wenn du mich mit mildem Auge anblickst, als dass du *von mir gesehen wirst.* Indem du mich siehst, gibst du dich mir zu sehen, der du doch der verborgene Gott (*Deus absconditus*) bist.

Niemand kann dich sehen, außer soweit du es verleihst, gesehen zu werden, und dass du gesehen wirst, ist nichts anderes, als dass du den siehst, der dich sieht. Ich sehe in deinem Bilde, wie gerne du, o Herr, dein Antlitz allen zeigst, die dich suchen, denn nie schließt du die Augen, nie wendest du dich nach einer andern Seite. Wenn ich mich auch von dir wegwende, indem ich mich ganz nach einem andern Gegenstand hinwende, so wendest doch du deshalb weder Auge noch Blick ab (...)

O unendliche Liebe! Wie unglücklich ist jeder Sünder, der dich, die Lebensader, verlässt, und dich nicht in dir, sondern in dem sucht, was in sich nichts ist und auch nichts geblieben wäre, wenn du ihn nicht aus dem Nichts gerufen hättest! Wie töricht ist, wer dich sucht, der die Güte ist, und indem er dich sucht, von dir weicht und die Augen von dir abwendet. Jeder Suchende sucht doch nur Gutes. Wer Gutes sucht und dabei von dir abweicht, weicht von dem zurück, was er sucht (...)

Du, Herr, bist der Gefährte meiner Pilgerreise. Wohin ich gehe, immer sind deine Augen über mir. Dein Sehen ist dein Bewegen. Du bewegst dich daher (wie bei jenem Bildbetrachten) mit mir und hörst in deiner Bewegung nicht auf, solange ich mich bewege. Ruhe ich, so bist du bei mir; steige ich auf eine Höhe, so steigst du mit; steige ich herab, so steigst auch du herab. Wohin ich mich wende, bist du dabei.

Du verlässt mich auch nicht am Tage der Trübsal. Sooft ich dich anrufe, bist du mir nahe. Denn dich anrufen heißt sich zu dir wenden. Du kannst den nicht verlassen, der sich zu dir wendet. Und es kann sich niemand zu dir bekehren, du seiest denn zuvor bei ihm. Wärest du nicht da und würdest mich anregen, so kennte ich dich nicht. Wie könnte ich mich also zu dir wenden? Du bist also mein Gott, der alles sieht. *Dein Sehen ist Wirken*. Du wirkst daher alles, daher nicht uns, o Herr, nicht uns, sondern deinem großen Namen, welcher *theós* heißt, singe ich ewiges Lob. Denn ich habe nichts, was du nicht gibst, und ich würde das, was du gegeben hast, nicht behalten, wenn nicht du es mir bewahrtest. Du gibst mir alles. Du bist der allmächtige, barmherzige (*pius*) Gott, der uns alles schenkt. Du bist der Diener, der in allem uns dient, die erhaltende Vorsehung. Dieses alles wirkest du in einem einfachen Blicke. Sei gepriesen in Ewigkeit! (Vis.D. 5)

### *b) Von der Frucht der geistigen Schau*

*Weil es Nikolaus darum zu tun ist, über eine menschlich gestaltete Bildbetrachtung hinauszukommen und mit den Augen des Geistes etwas von der Schönheit des Göttlichen zu erhaschen, sinnt er über den Erkenntnisgewinn nach, den seine Leser, die Brüder im Tegernseer Kloster, durch ihn empfangen mögen. Dabei fährt er fort, sie an seinen dialogisch angelegten, von Rühmung und Dankbarkeit durchsetzten Meditationen teilhaben zu lassen. In seiner auf Anschaulich-*

*keit angelegten Lehrweise zieht er nun als Gleichnis die Erscheinung eines Nussbaums von beeindruckender Größe und Schönheit heran. Und wieder richtet er seinen staunenden Blick durch das Augenscheinliche hindurch zu dem Symbolträchtigen, um zu erkunden, was der vor Augen stehenden vitalen Erscheinung als Prinzip des Lebendigen zugrunde liegen mag. Damit gibt Nikolaus ein Beispiel seiner imaginativen Vorgehensweise, die jeweils der göttlichen Schöpferkraft zugeordnet ist. Denn weil ein unvermitteltes Reden von Gott gar nicht möglich ist, bedient er sich eines Gleichnisses. Insofern wird das Geschöpf zu einem Gleichnis des Schöpfers, um eine Ahnung von dem letztlich Gemeinten anzuregen. Darüber vergisst der Autor nicht, wie unzulänglich das menschliche Erkennen ist, zumal selbst die Begrenztheit von Gleichnis und Symbol gerade für ihn außer Frage steht.*

Groß ist die Wonne, mit der du, o Herr, auf diesem Wege meine Seele nährst. Eine Unterstützung geben mir hierbei teils die Erfahrungen dieses Lebens, teils die willkommenen Vergleichungen, die du eingibst. Denn da du, o Herr, jene Kraft, jenes Prinzip bist, aus dem alles ist, dein Antlitz jenes Prinzip ist, aus welchem alles das ist, was es ist, so betrachte ich jetzt diesen großen und herrlichen Nussbaum, dessen Prinzip ich zu sehen wünsche.

Mit dem sinnlichen Auge sehe ich ihn groß und breit, farbig, voll von Zweigen, Blättern und Nüssen. Mit dem *geistigen* Auge sehe ich, dass er in dem Samen war, nicht so, wie ich ihn hier sehe, sondern der Kraft nach (*virtualiter*). Ich beachte die wundervolle Kraft dieses Samens, in welchem der ganze Baum mit allen seinen Nüssen und mit allem neuen Samen der Nüsse enthalten war. Und ich sehe, dass diese Kraft in keiner Zeit je ganz zu erschöpfen ist.

Indessen ist die Kraft dieses Samens doch beschränkt, weil sie nur in dieser Gattung von Nüssen Geltung hat. So sehe ich denn die Samenkraft aller Bäume aller Gattungen beschränkt auf jede Gattung. Will ich daher die absolute Kraft aller Samen und ihr Prinzip erkennen, so muss ich über alle Samenkraft, die je gedacht werden kann, hinausgehen und in das Gebiet jener Unwissenheit eingehen, in welcher nichts von der Kraft des Samens zu finden ist. Dann finde ich in jener Finsternis die staunenswerte Kraft, keiner denkbaren Kraft erreichbar, welche das Prinzip ist, das jeder Kraft dessen, was Same oder nicht Same ist, das Sein verleiht (...)

Ich erkenne daher den Baum als eine Entfaltung der Samenkraft und den Samen als eine Entfaltung der allmächtigen Kraft. Ich sehe ein, dass, wie der Baum im Samen nicht Baum, sondern die Kraft des Samens ist, so die Kraft des Samens in ihrer Ursache, welche die Kraft aller Kräfte ist, nicht Samenkraft, sondern absolute Kraft ist.

So ist der Baum in dir, meinem Gott, du selbst. O mein Gott, in dir ist er die Wahrheit und das Urbild (*et in te est veritas et exemplar*) seiner selbst. Für Baum und Samen bist du, o Gott, Wahrheit und Vorbild. Du bist die Natur aller Naturen. O Gott, wohin hast du mich geführt, dass ich nun sehe, dein absolutes Antlitz sei das natürliche Antlitz jeder Natur, die absolute Wesenheit allen Seins, die Kunst und Wissenschaft allen Wissens.

Wer also dein Antlitz zu sehen verdient, sieht alles enthüllt und nichts bleibt ihm verborgen. Alles weiß und alles hat, o Herr, wer dich hat. Alles hat, wer dich sieht, denn niemand sieht dich, der dich nicht hat. Niemand kann sich dir nahen, weil du unnahbar bist. Niemand fasst dich, es sei denn, du schenkst dich ihm.

Wie habe ich dich, o Herr, da ich nicht würdig bin, vor deinem Antlitz zu erscheinen? Wie soll mein Gebet zu dir gelangen, da du auf jede Weise unzugänglich bist? (...) Sei du dein eigen, und ich werde dein eigen sein. O Herr, du Wonne der Süßigkeit, du hast es ganz in meine Freiheit gelegt, dass ich, wenn ich will, mir angehöre. Gehöre ich daher nicht mir an, so gehörst auch du nicht mir. Denn du nötigst die Freiheit, da du nicht mir gehören kannst, wenn ich nicht mir gehöre. Weil du jedoch dies ganz in meine freie Wahl gelegt hast, so nötigst du mich nicht, sondern erwartest, dass ich es erwähle, mir selbst anzugehören. Von mir hängt es also nicht ab, nicht von dir, o Herr, weil du deine große Güte nicht einschränktest, sondern auf das Reichlichste über alles Empfängliche ausgießt. Und deine Güte, das bist du, o Herr! (Vis.D. 7)

### *c) Was das Sehen Gottes bewirkt*

*Nikolaus fährt fort, über Bedeutsamkeit und Wirkung des Sehens Gottes in der Weise nachzusinnen, dass er sich der nährenden Kraft bewusst wird, die von diesem Sehen und Gesehenwerden (visio Dei) als ein bewirkender Impuls auf jeden ausgeht.*

Mein Herz ruht nicht, o Herr, weil deine Liebe es mit solcher Sehnsucht entflammt hat, dass es nur in dir ruhen kann.[25] Ich habe angefangen, das Gebet des Herrn zu beten, und du hast es mir eingegeben zu beachten, dass du unser Vater bist. Dein Lieben ist dein Sehen, deine Vatergüte ist

25 Anspielung auf ein Wort des Augustinus: „Unser Herz ist unruhig, bis dass es Ruhe findet in dir, Gott!“

dein Schauen, das uns alle väterlich umfasst, denn wir sagen: *Unser Vater.* Du bist der Vater aller und jedes Einzelnen (...)

Nähre mich, o Herr, mit deinem Anblick und lehre mich, dass dein Blick jeden Blick des Sehenden und alles Sichtbare, jeden Akt des Sehens, jede Sehkraft, jede sichtbare Kraft und alles, was aus all dem entsteht, sehe. Denn dein Sehen ist *Verursachen.* Du siehst alles, der du alles verursachst (...)

Herr, du siehst und hast Augen. Du bist daher das Auge, weil dein Haben dein Sein ist. Du schaust daher in dir selbst alles. Wäre in mir das Sehen Auge wie in dir, mein Gott, so würde ich in mir alles sehen, weil das Auge ein Spiegel ist und ein noch so kleiner Spiegel in sich im Bild einen großen Berg samt dessen ganzer Oberfläche sieht. Die Gestalten von allem sind in dem Spiegel des Auges. Weil aber unser Blick mittels des Auges als Spiegel nur den einzelnen Gegenstand sieht, dem er sich zuwendet, da seine Sehkraft durch das Objekt determiniert ist, so sieht er nicht alles, was der Spiegel des Auges zu erfassen vermag.

Dein Blick aber, der ein lebendiger Spiegel ist, sieht in sich alles. Ja, wie er die Ursache alles Sichtbaren ist, so erfasst und erschaut er alles in der Ursache und dem Grunde von allem, das heißt in sich selbst (...) Durch deinen Blick, o Herr, belebst du jeden Geist, erfreust jeden Glücklichen, verscheuchst jede Traurigkeit. So blicke denn mit Barmherzigkeit auf mich herab, und meiner Seele ist Heil widerfahren. (Vis. D. 8)

*Wie hilfreich Nikolaus, auch im Blick auf seine Briefpartner im Kloster Tegernsee, jenes Bild erschien, wird deutlich, wenn man sieht, dass er das Gemälde seines exemplarischen Aussagewerts wegen auch in seinen weiteren Ausführungen vor Augen hatte.*

## *d) Auf dem Weg zur Schau Gottes*

Dein Sehen, o Herr, ist deine Wesenheit. Fasse ich nun die Menschheit ins Auge, die in allen Menschen die eine und einfach ist, so finde ich sie in allen und jedem Menschen. Obwohl sie an sich weder eine orientalische noch okzidentale, weder eine südliche noch nördliche ist, so ist sie doch in den Orientalen im Orient, in den Okzidentalen im Okzident.

Ebenso gehören Bewegung und Ruhe nicht zum Wesen der Menschheit. Sie bewegt sich jedoch in den Beweglichen, ruht mit den Ruhenden und steht mit den Stehenden zugleich und auf einmal in dem gleichen Moment[26], weil die Menschheit die Menschen nicht verlässt, sie mögen sich bewegen oder nicht, schlafen oder ruhen.

Verhält es sich nun bei der Natur der Menschheit, welche beschränkt ist und außer der Menschenwelt sich nicht vorfindet, derart, dass sie einem Menschen nicht mehr innewohnt als dem andern, und einem so vollkommen, als wäre sie in keinem andern, so gilt dies in weit höherem Grade von der unbeschränkten Menschheit, welche das Vorbild und die Idee, das Gestaltende und die Wahrheit der beschränkten menschlichen Natur ist. Sie kann die beschränkte Menschheit in den Individuen nie verlassen, denn sie ist das Gestaltende, das der Natur als Form das Sein gibt.

Die spezifische Form kann demnach ohne sie nicht sein, da jene kein Sein für sich hat. Sie stammt von ihr, die durch sich ist, ehe noch eine andere war. Jenes Gestaltende also, das der Spezies das Sein gibt, ist die absolute Form, und das

26 Nikolaus denkt daran, wie sich das von ihm besprochene Porträt auf den jeweiligen Betrachter und dessen Standort einzustellen und sich demgemäß ständig zu verändern bzw. anzugleichen scheint.

bist *du*, o Gott, der Schöpfer (*formator*) Himmels und der Erde und des ganzen Universums. Sehe ich also auf die beschränkte Menschheit und durch sie auf die absolute, indem ich im Beschränkten das Absolute wie in der Wirkung die Ursache und im Abbild die Wahrheit und das Urbild sehe, dann trittst du mir entgegen, mein Gott, als das Urbild aller Menschen, als der Mensch an sich (*homo per se*), das ist der absolute Mensch.

Wende ich mich in ähnlicher Weise zur Gestalt aller Gestalten, so begegnest du wieder mir in allen als deren Idee und Urbild. Weil das absolute und einfachste Urbild, bist du nicht zusammengesetzt aus mehreren Urbildern, sondern ein einfachstes Urbild, unendlich, so dass du von allem und jedem, was sich gestalten lässt, das wahrste und adäquateste Urbild bist.

Du bist somit die Wesenheit der Wesenheiten und gibst der endlichen Wesenheit dasjenige Sein, das sie hat. Außer dir, o Gott, kann also nichts sein. Wie deine Wesenheit, so durchdringt also auch dein Sehen, das deine Wesenheit ist, alles. Wie nichts von allem, was ist, seinem eigenen Sein entfliehen kann, so auch nicht deiner Wesenheit, welche die Wesenheit allem verleiht, somit auch nicht deinem Blick.

Alles und jedes siehst du daher, o Herr, zugleich. Du bewegst dich mit allem, was sich bewegt, und stehst mit den Stillstehenden. Wenn einige sich bewegen, während andere stehen bleiben, so stehst du, o Herr, und bewegst dich zugleich. Du schreitest voran und ruhest zugleich. Denn wenn sich Bewegung in der Zeit zugleich mit der Ruhe in verschiedenen Personen nur in beschränkter Weise findet, und nichts außerhalb von dir sein kann, so sind auch Bewegung und Ruhe nicht außerhalb von dir. Allen bist du zugleich und einmal und jedem in der Ganzheit nahe, o

Herr. Indessen hast du keine Bewegung und Ruhe, weil du hocherhaben (*superexaltus*) und frei von allem bist, was sich denken oder aussprechen lässt. Du stehst und wandelst und zugleich stehst und wandelst du nicht. Das zeigt mir dieses Gemälde deines Angesichts (...)

Ich sehe daraus, dass ich notwendig in die Finsternis eingehen und den Zusammenfall der Gegensätze (*coincidentia oppositorum*) zugeben muss, über alles Erfassen des Verstandes hinaus, und die Wahrheit da suchen, wo die Unmöglichkeit mir entgegentritt. Wenn ich dann selbst über die höchste Erhebung der Vernunft hinaus zu dem gelange, was von jeder Vernunft unerkannt ist, was jeder Geist als die größte Entfernung von der Wahrheit ansieht, dann finde ich dich, mein Gott, der du die absolute Notwendigkeit bist. Und je mehr jene dunkle Unmöglichkeit als dunkel und unmöglich erkannt wird, desto wahrer leuchtet die Notwendigkeit, desto weniger verhüllt ist sie nahe.

Daher danke ich dir, mein Gott, dass du mir offenbarst, es gebe keinen andern Weg, dir zu nahen, als eben den, welcher allen Menschen, auch den gelehrtesten Philosophen, ganz unzugänglich und unmöglich erscheint, weil du mir gezeigt hast, du könntest nirgendwo gesehen werden, als wo die Unmöglichkeit mir entgegentritt.

Du, o Herr, der du die Nahrung für die Starken bist, hast mich ermutigt, mir selbst Gewalt anzutun, weil die Unmöglichkeit mit der Notwendigkeit koinzidiert. Hier habe ich die Stelle gefunden, wo du geoffenbart gefunden wirst. Sie ist umzäunt mit der Koinzidenz der Gegensätze. Das ist die Mauer des Paradieses, in dem du wohnst. Seine Pforte bewacht der stolze Verstand. Wird diese nicht beseitigt, so öffnet sich das Tor zum Eingang nicht. Also nur jenseits der Koinzidenz der Gegensätze kannst du geschaut werden, diesseits derselben in keiner Weise. Ist die Unmöglichkeit die Notwendigkeit, so ist in deinem Blicke, o Herr, nichts, was dein Blick nicht sehe. (Vis.D. 9)

### *e) Jenseits der Einheit der Gegensätze wird Gott erkannt*

*Vor dem äußeren wie vor dem inneren Auge lässt Cusanus das eigenartige Porträt zu sich sprechen. Für ihn ist diese Visio, das Sehen Gottes, zugleich sein Sprechen. Mit anderen Worten: Der sich zeigende, den Menschen ansprechende Gott offenbart sich in seinem Wort. Dessen wird Nikolaus als Priester und Bischof gewahr, wenn er predigend vor seiner Gemeinde steht.*

Ich erkenne es klar, dass du zugleich alles und jedes siehst, weil ich, wenn ich predige, zugleich und auf einmal zu der versammelten Gemeinde rede, indem ich zu allen in der Kirche ein und dasselbe Wort und in diesem einen Wort zu jedem rede.

Was für mich die Kirche ist, das ist für dich, o Herr, die ganze Welt und jede Kreatur, die ist oder sein kann. So sprichst du zu jedem, und die, zu denen du sprichst, siehst du (...) Alle, denen ich predige, sehen es einzeln und zugleich, so wie jeder mein Wort hört. Ich aber kann nicht alle Redenden zugleich unterscheiden, hören oder sehen, sondern nur einen nach dem andern. Hätte ich aber eine solche innere Kraft, dass Gehörtwerden und Hören, Gesehenwerden und Sehen, Reden und Hören koinzidierten, wie sie bei dir, der höchsten Kraft, koinzidieren, so würde ich alle und jeden zugleich hören und sehen. Wie ich mit jedem zugleich reden könnte, so würde ich auch alle und eines jeden Antworten in demselben Momente hören und sehen.

Ich beginne daher an der Türe der Koinzidenz der Gegensätze, die der Engel bewacht, der am Eingange des Paradieses aufgestellt ist, um dich, o Herr, zu sehen. Dort bist du, wo Reden, Sehen, Hören, Verkosten, Berühren, Denken, Wissen und Einsehen ein und dasselbe sind. (Es ist dort), wo Sehen koinzidiert mit Gesehenwerden, Hören mit Gehörtwerden, Verkosten mit Verkostetwerden, Berühren mit Berührtwerden, Reden mit Hören, Schaffen mit Reden.

Würde ich also sehen, wie ich sichtbar bin, so wäre ich keine Kreatur. Und wenn du, o Gott, nicht sehen würdest, wie du sichtbar bist, so wärest du nicht der allmächtige Gott. Von allen Kreaturen kannst du gesehen werden, und alle siehst du: Dadurch, dass du alle siehst, wirst du von allen gesehen. Anders können die Kreaturen nicht sein.

Durch dein Sehen sind sie. Würden sie dich, den Sehenden, erblicken, so hätten sie von dir kein Sein. Das Sein der Kreatur ist dein Sehen und Gesehenwerden zugleich. Du redest durch dein Wort zu allem, was ist, und rufst ins Dasein, was nicht ist (...)

Weil du nun der allmächtige Gott bist, so bist du innerhalb der Mauer im Paradiese. Diese Mauer ist die Koinzidenz des Späteren mit dem Früheren, wo das Ende koinzidiert mit dem Anfang, wo *Alpha* und *Omega* dasselbe sind. Immer sind daher die Dinge, weil du sagst, dass sie seien. Und sie sind nicht eher, weil du es nicht eher sagst.

Wenn ich lese, *Adam* habe vor so vielen Jahren gelebt, und heute sei ein solcher Adam – das ist der Mensch – wiedergeboren worden, so scheint es unmöglich, dass Adam *damals* lebte, weil du es damals gewollt hast, und dass ein solcher uns in gleicher Weise heute geboren wurde, weil du es *jetzt* gewollt hast (...) Allein, was unmöglich scheint, ist die Notwendigkeit selbst. Denn Jetzt und Damals sind erst nach (*post*) deinem Wort. Daher begegnen sie dem, der sich dir naht, in der Mauer, die den Ort umgibt, wo du in der Koinzidenz der Gegensätze wohnst. Denn Jetzt und Damals koinzidieren im Umkreise der Mauer des Paradieses. Du aber, o mein Gott, lebst und redest über das Jetzt und Damals hinaus, denn du bist die absolute Ewigkeit. (Vis.D. 10)

### *f) Gott als Ziel und Ende unserer Sehnsucht*

Im Feuer erlischt nicht die Glut und in der Liebe zu dir, o Gott, nicht die Sehnsucht, da du das Urbild alles Wünschenswerten und die Wahrheit bist, die in aller Sehnsucht erstrebt wird.

Da ich nun durch deine honigsüße Gnade angefangen habe, deine unbegreifliche Lieblichkeit zu kosten, die mir umso lieber ist, je unendlicher sie erscheint, so sehe ich, dass du, o Gott, deshalb von allen Geschöpfen unerkannt bist, damit sie in dieser heiligen Unwissenheit (*sacratissima ignorantia*) wie in einem unzählbaren und unerschöpflichen Schatz desto mehr Ruhe finden. Eine weit größere Freude empfindet, wer einen Schatz gefunden hat, den er als unzählbar und unendlich erkannt hat, als wer einen zu ermessenden endlichen Schatz entdeckt hat. Daher ist die heilige Unkenntnis deiner Größe die ersehnte Nahrung für meinen Geist, zumal – da ich diesen großen Schatz in meinem Acker gefunden habe – sodass er mein Schatz ist.

O Quelle des Reichtums! Du willst dich durch mein Besitztum begrenzen lassen und doch unbegrenzt und unbegreiflich bleiben, weil du eine Fülle von Süßigkeiten bist, von denen keine das Ziel erreichen kann. Wie könnte die

Begierde nach dem Nichtseienden verlangen? Der Wille mag nach dem Seienden oder Nichtseienden verlangen, das Begehren selbst kann nie ruhen, sondern geht ins Unendliche (*infinitum*). Du steigst zu uns herab, o Herr, und bliebest nicht unendlich, so bliebest du nicht das Ziel der Sehnsucht. *Du bist unendlich, um das Ziel aller Sehnsucht zu sein.* Denn die Sehnsucht des Geistes (*desiderium intellectuale*) geht nicht nach dem hin, was größer oder ersehnenswerter sein kann.

Nun kann aber alles Nicht-Unendliche (*omne citra infinitum*) größer sein. Du bist also, o Gott, die Unendlichkeit selbst, die ich allein in all meiner Sehnsucht ersehne. Der Wissenschaft des Unendlichen (*infinitatis scientia*) kann ich mich nicht mehr nähern, als indem ich es als unendlich erkenne. Je mehr ich also dich, meinen Gott, als unbegreiflich erkenne, desto mehr nähere ich mich dir, weil ich mich dem Ziele meiner Sehnsucht nähere. Meine Sehnsucht, in der du widerscheinst, führt mich zu dir. Sie wirft alles Endliche, jeden Begriff von sich, weil sie darin nicht ruhen kann. Nur durch dich wird sie zu dir geführt. Du aber bist der Anfang ohne Anfang, das Ende ohne Ende. Durch den ewigen Anfang, von welchem meine Sehnsucht ihr Sein hat, wird sie zum Ziele ohne Ziel, zum unendlichen Ziele geführt.

Ich sehe dich, Herr und Gott, in einer Art von Entrückung (*in raptu quodam mentali*)[27]. Denn wenn das Auge nicht durch den Anblick, das Ohr nicht durch das Gehörte, so wird noch weniger der Geist durch den Geist (*intellectus intellectu*) gesättigt. Was also den Geist sättigt und ein Ziel

27 Die Vokabel *raptus* bezeichnet den Moment der Entrückung und eines blitzartigen Herausgerissenseins aus den Bindungen des Alltagsbewusstseins und das Gewahrwerden des Ganz-Anderen, wie unterschiedlich die dabei zu machende Erfahrung von Fall zu Fall auch sein mag.

ist, ist nicht das, was er erkennt, so wie ihn auch das nicht sättigen kann, was er – ohne es zu begreifen – erkennt. Was der Geist in der Art als erkennbar erkennt, dass es nie vollkommen erkannt werden kann, das kann ihn allein sättigen.

Wer einen unersättlichen Hunger hat, den sättigt nicht wenig Speise, noch eine Speise, zu der er nicht gelangen kann, sondern nur eine solche Speise, die zu ihm gelangt, ob sie gleich beständig genossen wird, doch nie vollständig verzehrt werden kann, weil sie von der Art ist, dass sie durch das Genießen sich nicht vermindert, somit unendlich ist. (Vis.D. 16)

### *g) Unendlichkeit der Gottesliebe*

Du hast dich mir, o Herr, so liebenswürdig gezeigt, dass du nicht liebenswürdiger sein kannst. Denn du bist unendlich liebenswürdig, mein Gott! Nie also kannst du von jemandem so geliebt werden, wie du Liebe verdienst, außer von einem unendlich Liebenden. Wäre nicht ein unendlich Liebender, so wärst du nicht unendlich liebenswürdig. Deine Liebenswürdigkeit, welche darin besteht, dass du ins Unendliche geliebt werden kannst, bedeutet auch zugleich das ins Unendliche Liebenkönnen. Und (durch das) unendliche Geliebtwerdenkönnen entsteht das unendliche Band der Liebe zwischen dem unendlich Liebenden und unendlich Liebenswürdigen, die keine Vermehrung zulässt. So bist denn du, o Gott, der du die Liebe bist, die liebende Liebe, die liebenswürdige Liebe und die Verbindung (*nexus*) beider.

Du bist also, o Gott, die unendliche Liebe, die ohne einen Liebenden, Geliebten und die Verbindung beider von mir nicht als eine natürliche und vollkommene Liebe erkannt werden kann. Denn was in der endlichen Liebe gefunden wird, kann in der unendlichen nicht fehlen. Du aber, o Gott, bist die vollkommenste und einfachste Liebe. Daher sind in dir der Liebende, der Geliebte und die Verbindung beider nicht etwas anderes, sondern du selbst, mein Gott. Sie sind nicht drei, sondern Eines (...)

So habe ich nun in einem Bilde den Vorgeschmack deiner Wesenheit ausgedrückt. Doch verzeihe mir, wenn ich den unbeschreiblichen Genuss deiner Süßigkeit zu schildern versuche. Wenn die Süßigkeit eines unbekannten Obstes keine Schilderung, keine Beschreibung zulässt, wer bin ich armer Sünder, der ich dich, Unsichtbaren, darzustellen und jene unendliche Süßigkeiten andern zum Genusse darzubieten mir herausnehme, die ich selbst noch nicht zu kosten verdient habe und durch meine Darstellung eher verkleinere als vergrößere?

Doch deine große Güte, o mein Gott, lässt auch Blinde vom Lichte reden und das Lob eines Gegenstandes verkünden, von dem sie nichts wissen können, es werde ihnen denn geoffenbart. Die Offenbarung aber berührt den Geschmack nicht, das Ohr des Glaubens nicht die zu verkostende Süßigkeit. Da hast du, mein Gott, mir geoffenbart, dass die unendliche Süßigkeit kein Ohr gehört und keines Menschen Herz je empfunden hat, welche du denen bereitet hast, die dich lieben.

Das hat uns dein großer Apostel Paulus geoffenbart, der über die Mauer der Koinzidenz ins Paradies entrückt wurde[28], wo du allein enthüllt (*revelate*) geschaut werden kannst, du, die Quelle aller Wonne. Ich habe dieser Entrückung mich hinzugeben versucht, im Vertrauen auf deine

28 Paulus berichtet in dritter Person von seiner eigenen spirituellen Entrückung: 2 Kor 12,2 ff.

unendliche Güte, um dich, den Unsichtbaren, zu sehen und deine unenthüllbare und doch enthüllte Anschauung (*et visionem revelatam irrevelabilem*). Wohin ich aber gekommen bin, weißt du. Ich weiß es nicht. Es genügt mir deine Gnade, durch die du mir die Gewissheit gibst, dass du unbegreiflich seiest und die feste Hoffnung in mir begründest, ich werde einst, von dir geleitet, zum Genusse deiner selbst gelangen. (Vis.D. 17)

## 4. Vom Gottsuchen – De quaerendo Deum

*In dem Bewusstsein, dass dem menschlichen Erkenntnisstreben enge Grenzen gesetzt sind und der sich offenbarende Gott zugleich als verborgener Gott zu gelten habe, ließ Nikolaus in seinem Bemühen nicht ab, dennoch nach verbleibenden Möglichkeiten einer Gotteserfahrung Ausschau zu halten. Letztlich sei der Mensch dazu da, zur Gottesbegegnung zu gelangen. Dieses Streben gehöre gleichsam zum Wesen des Menschen.*

*In seinem verhältnismäßig kurz gefassten Büchlein von der Gottsuche hat er sich auf den Weg gemacht. Die Tatsache, dass er in einigen seiner Schriften, z.B. in „De venatione sapientiae" (Jagd nach der Weisheit), auf die vorliegende Bezug nimmt, deutet auf die Einschätzung der darin vorgetragenen Gedanken des Verfassers hin. Und da der Mensch auf der Erde, Gott aber in einem gleichwohl „qualitativ unendlich" entfernten Himmel wohnt, ist am Ort des Menschen zu beginnen. Zu beginnen ist bei und mit den verbliebenen Möglichkeiten der sinnlichen Wahrnehmung. Zu erproben sind daher zuerst die verschiedenen Sinnesqualitäten. Sodann ist zu fragen, inwiefern Gott – trotz der bestehenden Distanz – in der Wesenstiefe der eigenen Seele sein Zelt aufgeschlagen hat. Vom „Gottesfunken im Seelengrund" sprach einst Meister Eckhart. Von daher gesehen gilt es, Achtsamkeit walten zu lassen und über die Stufen der Sinneserfahrung hinweg voran- und vor allem emporzuschreiten und hierbei bei sich selbst Einkehr zu halten. Im Übrigen kann sich Nikolaus, wie im Folgenden geschehen, auf den Apostel Paulus berufen. Wie so oft denkt er in Analogien, indem er von irdisch-zeitlichen Vorstellungen auf überzeitlich-ewige Dimensionen schließt. Er bedient sich der dialogischen Rede, wobei er bestrebt ist, seinem jeweiligen Bruder im Geiste sein eigenes geistiges Unterwegssein mitzuteilen.*

Deinem Wunsche nach Kräften zu entsprechen, in Christus wahrhaft ehrwürdiger Bruder, will ich jetzt, was ich gewöhnlich am Epiphaniefeste[29] über das Verständnis des Namens Gottes erörterte, kurz und deutlich hier schriftlich wiederholen, damit unser beiderseitiges Nachdenken geweckt und durch denkendes Hinaufsteigen (*intellectuali ascensu*) der innere Mensch von einer Klarheit zur andern umgestaltet (*de luce in lucem transformetur*) werde, bis er durch das Licht der Glorie zu klarer Anschauung in die Freude seines Herrn eingeht.

I. Zuerst beachtest du, mein bester Bruder, wie Paulus, der nach seiner Aussage zur Anschauung von göttlichen Geheimnissen in den dritten Himmel entrückt wurde,[30] als er den Philosophen in Athen auf dem Areopag die Wahrheit

29 Das Epiphaniasfest, der 6. Januar, ist identisch mit dem Auftreten der Weisen aus dem Morgenland (Mt 2).
30 Paulus über seine visionäre Erfahrung 2 Kor 12,2.

predigte,[31] als Thema ankündigte, den *unbekannten Gott*, dem die Heiden selbst einen Altar errichtet hatten, wolle er ihnen verkündigen. Im Eingang seiner Erörterung schickte er voraus, dass Gott in einem Menschen alle erschaffen und ihnen in dieser Welt eine bestimmte Zeit gelassen habe, Gott zu suchen, ob sie ihn wohl finden würden. Dabei bemerkt der Apostel, Gott sei nicht ferne von einem jeden, denn in ihm haben wir Sein und Leben und Bewegung. Dann, den Götzendienst verwerfend, fügt er bei, dass im Denken des Menschen nichts Gott Ähnliches sein könne.

Es befremdet mich diese Stelle der Apostelgeschichte, sooft ich sie lese. Paulus wollte den Philosophen den *unbekannten Gott* offenbaren, von dem er nachher sagt, dass er durch keinen menschlichen Verstand erfasst werden könne. Darin wird also Gott offenbar, dass man weiß, jeder Verstand sei zu schwach zu dessen Erkenntnis. Der Apostel nennt ihn Gott – griechisch *theós.* Wenn nun der Mensch dazu erschaffen ist, dass er Gott suche und dem Gefundenen anhange, wenn er durch diese Anhänglichkeit seine Ruhe finde und er gleichwohl in dieser Sinnenwelt Gott nicht suchen und erfassen kann, da Gott ein Geist, nicht ein Körper ist, und er ihn auch auf dem Weg der geistigen Abstraktion nicht erreichen kann, da der Mensch hier keine Ähnlichkeit Gottes findet: Wie kann dann Gott so gesucht werden, dass man ihn wirklich findet? Gewiss, wenn nicht diese Welt dem Suchenden behilflich ist, so ist der Mensch umsonst zu dem Ziele, Gott zu suchen, in die Welt gesetzt. Diese Welt muss also dem Suchenden Hilfe leisten, und der Suchende muss zur Einsicht kommen, dass weder in der Welt noch in allem, was der Mensch begreift,

31 Apg 17.

etwas Gott Ähnliches zu finden ist. Sehen wir nun, ob der Name (griechisch) *theós* oder (lateinisch) *Deus* einen Fingerzeig gibt.

Der Name *theós* selbst ist nicht der Name Gottes, der über allen Begriff und Namen ist. Er kann nur der Name Gottes sein, insoweit Gott vom Menschen in dieser Welt gesucht wird (…) *theós* kommt her von *theoréo* oder *théo*: ich sehe, ich laufe. Der Mensch muss also laufen, durch das Gesicht suchend, um zu dem alles sehenden Gott zu gelangen.[32] Wir müssen also die Natur des sinnlichen Anschauens vor dem Auge der geistigen Anschauung (*ante oculum visionis intellectualis*) erweitern, um eine Skala des geistigen Aufstiegs zu gewinnen.

Das Sehen entsteht durch einen gewissen hellen und lichten Geist, der aus dem Gehirn in das Auge als Organ herabsteigt und von einem farbigen Objekt ein ähnliches Bild in das Auge reflektiert, unter Mitwirkung des äußeren Lichtes. Das Sehen aber ist nicht aus dieser Region, sondern über dieselbe erhaben. Das Sehen hat also keine Farbe: Um jede Farbe recht sehen zu können, ist es nicht auf eine derselben beschränkt. So rein von jeder befleckenden Vermengung mit der Farbenwelt ist das Sehen, dass alles Sichtbare im Vergleich zu ihm gewissermaßen Finsternis ist, eine körperliche Dichte, im Vergleich zum Sehgeist (*spiritum visionis*). Die sichtbare Farbenwelt weiß daher auch nichts von dem Sehen, da sie nur das Farbige kennt. Sagen wir ihr auch, das Sehen existiere und es sei farblos, so wird sie sich aus ihrem ganzen Bereich keinen entsprechenden Begriff vom Sehen zu machen imstande sein, da ihre Begriffe der Farbe nicht

32 In *De visione Dei* behandelt Nikolaus speziell diesen Aspekt des allsehenden Gottes.

entbehren können. Ja, es wird – aus demselben Grund – das Farblose für sie gar nicht existieren. Daher passt auf das Sehen kein Name von allen möglichen Farben, weder von jeder einzelnen noch von der ihr entgegengesetzten, noch von der Verbindung der entgegengesetzten Farben (...).

Erhebe dich nun, mein Bruder, in analogem Verfahren vom Sehen zum Hören, Geschmack, Geruch, Tastsinn, dann zum allgemeinen Sinn. Dann steige höher hinauf in das Gebiet der Vernunft (*intelligibilia*), die über der ganzen Verstandeswelt (*rationabilia*) ist und daher von dieser nicht erfasst wird, da sich die Vernunft verhält wie das Sehen, das Verstandesmäßige wie die Farben. Dehnst du deine Betrachtung weiter aus, so wirst du einsehen, dass sich die Vernunft verhält wie ein freier Blick oder wahrer Richter über die ganze Verstandeswelt, in welcher sich keine Vermengung mit dem Speziellen der Verstandeswelt findet, sodass sie eines hellen intuitiven Urteils über die ganze Mannigfaltigkeit des Verstandesmäßigen fähig ist. Durch diese wird daher die Vernunft so wenig begriffen als das Sehen durch die Farbe. Will sie von ihrem König, Richter und Vorgesetzten sich einen Begriff machen, so nennt sie ihn die Grenze, das Äußerste ihrer Vollkommenheit.

So sagen auch die geistigen Naturen, die Naturen des Wahren, ihr König sei das Äußerste, das Höchste aller intuitiven Vollkommenheit. Sie nennen ihn *theós* oder *Deus*, gleichsam die Spekulation und intuitive Kraft selbst, alles zu sehen, in der Fülle der Vollkommenheit. Indes in der ganzen Region der intellektuellen Naturen findet sich nichts, dem der König selbst ähnlich wäre: Er ist über alles hinaus, was begriffen und erkannt wird. Sein Name ist nicht zu erfassen, obwohl er der Name ist, der alles Vernünftige nennt und unterscheidet (...).

Im Reiche des Allmächtigen, wo das Reich der König selbst ist, wo alles, was in allen Reichen, der König ist, wo die Farbe nicht sinnlich, nicht geistig, sondern göttlich, ja Gott selbst ist, wo alles Bewegungs- und Leblose in der sinnlichen Welt, alles, was vegetatives, verständiges oder vernünftiges Leben hat, das göttliche Leben selbst ist. Es ist die Unsterblichkeit selbst, in der nur Gott wohnt – in ihm alles und er selbst – dort ist die Wonne aller Freuden, die durch Auge, Ohr, Geschmack, Tasten, Geruch, Gefühl, Leben, Bewegung, Verstand, Vernunft genossen werden, unendliche Freude, göttlich und unaussprechlich, und die Ruhe aller Freude und alles Ergötzens. Dies ist so, weil Gott selbst das Sehen ist und das Laufen, er, der alles sieht, in allem ist, durch alles läuft. Auf ihn schaut alles hin, als auf den König. Auf seinen Befehl bewegt sich alles, und alles Laufen nach dem Ziel der Ruhe geht auf ihn zu. So ist Gott alles: der Anfang des Auslaufens, die Mitte, in der wir bewegt werden, und das Ziel des Zurücklaufens.

Auf diesem Weg bestrebe dich, mein Bruder, in eifriger Spekulation Gott zu suchen. Er muss gefunden werden, wenn er recht gesucht wird, da er überall ist.

II. Wenden wir uns nun zum zweiten Teil unserer Frage und sehen wir, wie wir zum stufenmäßigen Aufsteigen in dem genannten Schauen – sofern *theós* von *theoréo* abgeleitet wird – gelangen, da wir doch zum ganz Unbekannten uns nicht hingetrieben fühlen. Zu dem Ende müssen wir die Natur des Sehens betrachten.

Damit das Gesicht etwas Sichtbares genau erkenne, bedarf es eines doppelten Lichtes. Es ist nicht der Gesichtssinn, der den Farben die Namen gibt, sondern der Geist im Gesichtssinn. Der Sinn, der durch die Augennerven aus dem Gehirn in das Auge herabsteigt, erhält durch ein vorgehaltenes Objekt einen Anstoß, und es entsteht eine verworrene Wahrnehmung. Die animalische Kraft kommt durch diese Wahrnehmung in eine Art Erstaunen, und sie bestrebt sich nun zu unterscheiden. Also nicht der Gesichtssinn an sich unterscheidet, sondern ein höherer Sinn bewirkt das Unterscheiden. Wir können dies täglich wahrnehmen (...)

Hieraus, mein Bruder, bahne dir den Weg zu der Untersuchung, wie der unbekannte Gott alles das übertrifft, wodurch wir zu ihm hinbewegt werden (...) Unbekannt ist das Licht, durch das wir die Farben sehen, dem Auge, und doch ist es dem Gesichtssinn ein Ergötzen (...) Das Licht des Unterscheidens ist der Anfang, die Mitte und das Ende der Sinneserkenntnis. In ihm haben alle Sinne ihr Leben, ihre Tätigkeit, Freude und Ruhe (...)

So ist nun auch die Vernunft das Licht der Verstandestätigkeit. Von hier erhebe dich zu Gott, der das Licht der Vernunft ist. Wenn du so mittels der Analyse der Sinneserkenntnis weiter gehst, so wirst du finden, dass unser Gott, der in Ewigkeit gepriesen sei, alles das, was in jedem Sein ist, ebenso ist wie das Licht der Unterscheidung in den Sinnen, das der Vernunft im Verstand ist; dass er es ist, von welchem die Kreatur ihr Sein, Leben und Bewegung hat; dass in seinem Licht sich all unser Erkennen bewegt; und zwar so, dass nicht wir es sind, die erkennen, sondern vielmehr er in uns. Nur durch sein Licht, das in unseren Geist eindringt, werden wir angetrieben, zu ihm zu kommen. Wie das Sein, so hängt auch das Erkanntwerden von ihm ab: Wie vom materiellen Licht das Sein der Farbe, so hängt von dem Licht selbst die Erkenntnis der Farbe ab (...)

III. Wir werden also zum *unbekannten Gott* hingezogen durch das bewegende Licht seiner Gnade, die nicht anders erkannt werden kann, außer er zeige sich selbst, der gesucht sein will und den Suchenden sein Licht gibt, ohne welches sie ihn nicht suchen können.

So wird er also durch Sehen (*theorice*) gesucht, in einem Lauf, der den Laufenden zur Ruhe der Bewegung hinführt, wenn er mit größter Sehnsucht gesucht wird. Nicht anders wandeln wir auf dem rechten Weg, um die Weisheit zu erreichen, außer man suche sie mit der größten Sehnsucht. Wer sie so sucht, sucht sie auf dem rechten Weg, wo sie unzweifelhaft gefunden wird, indem sie selbst sich kundgibt.

Es gibt keinen anderen Weg als diesen, keinen anderen weisen uns die gelehrten und heiligen Männer, welche nach Weisheit gestrebt haben. Jene stolzen, anmaßenden, sich weise dünkenden Geister, die nur ihrem eigenen Verstande vertrauen, in stolzer Erhebung sich dem Höchsten gleich betrachteten, sie alle sind im Irrtum. Sie alle haben sich den Weg zur Weisheit versperrt, weil sie nichts für Wahrheit hielten, als was sie mit ihrem Verstande gemessen haben. In ihrer Eitelkeit sind sie verkommen. Den Baum der Erkenntnis haben sie umfasst, aber den Baum des Lebens nicht erlangt.[33] Jene aber, welche lehrten, man könne die Weisheit und das ewige geistige Leben nur durch das Geschenk der Gnade erlangen (kommen zum Ziel). So groß sei die Güte Gottes, dass er alle erhört, die seinen Namen anrufen; diese wurden selig (...)

Gott ist der Geber alles Guten. In seiner Furcht müssen wir leben, in seiner Liebe wandeln. In aller Demut muss

33 Anspielung auf die beiden Paradiesesbäume der Erkenntnis bzw. des Lebens , Gen 2.

man das unsterbliche Leben von ihm erbitten und alles, was zu demselben verhilft, mit aller Religiosität erfassen.

Du siehst, mein Bruder, dass keine Tugend, kein Gesetz, keine Vorschrift uns rechtfertige, sodass wir nach Gebühr (*merito*) jenes herrliche Geschenk erlangen, sondern die Virtuosität des Lebens, Beobachtung der Gebote, Abtötung des Fleisches, Verachtung der Welt und dergleichen begleiten den, der in rechter Weise das göttliche Leben und die ewige Weisheit sucht. Wo den Suchenden nicht diese Dinge begleiten, ist er offenbar nicht in, sondern außer dem Leben (…)

Du siehst, mein Bruder, wozu du, wie ich am Eingang erwähnt habe, in die Welt gekommen bist, nämlich *um Gott zu suchen.* So übe dich also vielfach. Erhebe dich im Gebiete des Sehens, und du wirst eine Nahrung finden, die dich auf deinem Weg stärkt und immer mehr deine Sehnsucht steigert.

Unser Geist (*noster spiritus intellectualis*) hat die Natur des Feuers (*virtutem ignis*) in sich. Er ist zu keinem andern Zweck von Gott auf diese Erde gesetzt, als um zu brennen und zu einer Flamme anzuwachsen. Er wächst, wenn er durch Staunen angeregt (*admiratione excitatur*) wird. Bei der Betrachtung der Werke Gottes staunen wir über die ewige Weisheit. Dieses Staunen ist der Wind, der unsere Sehnsucht zur Liebe des Schöpfers steigert und zur Anschauung der Weisheit, die alles wunderbar geordnet hat.

IV. Sehen wir ein ganz kleines Senfkorn[34] und bedenken dann seine Kraft und die in ihm liegende Möglichkeit, so haben wir einen Weg, um zur Bewunderung Gottes hinge-

34 Cusanus knüpft an Jesu Gleichnis vom Senfkorn an: Mt 13,31; Lk 13,19; Mk 4,31.

rissen zu werden. In diesem kleinen Korn ist eine unermessliche Kraft: ein großer Baum mit vielen solchen Körnern, in deren jedem wieder die Potenz eines Baumes ist. Würde diese ganze Kraft des Senfkorns aktuell entfaltet, so würde diese sichtbare Welt, ja zehn und tausend Welten, ja sogar so viele Welten, als sich nur zählen lassen, nicht hinreichen. Wer muss hier nicht staunen, wenn er noch dazu erwägt den Geist des Menschen, der diese ganze Potenzialität des Senfkorns, ja die ganze körperliche messbare Welt umfasst?

Welche Größe ist demnach in unserem Geist! Und wenn diese Größe doch nur wie ein Punkt ist, wie groß ist dann vollends Gott! (…) Er ist die Wirklichkeit aller Möglichkeit, denn er ist das Ende aller Möglichkeit, nicht der konkreten Möglichkeit des Senfkorns, oder unseres Vaters Adam und dergleichen, sondern der absoluten Möglichkeit, welche die absolute Wirklichkeit ist. Wer wird nicht in staunende Bewunderung versetzt, wenn er Gottes Allmacht auf diesem Weg sucht? (…)

Mit dem Auge des Geistes siehst du, dass in jedem Stück Holz oder Stein alle möglichen Körperformen der Geometrie, alle möglichen Abbildungen von Menschen, Tieren, Blumen et cetera potenziell enthalten sind. Wenn nun der schon ein großer Künstler ist, der aus einem Holz die Gestalt eines Königs oder eines Tieres et cetera herausschnitzen kann, welch ein Künstler ist dann der, der alles das in Wirklichkeit setzen kann, was im ganzen Bereiche der Möglichkeit ist!

Doch noch größere Macht und Weisheit hat der, welcher das Senfkorn selbst erschaffen und diese ungeheuere Potenz in es hineingelegt hat. Stupende Meisterschaft aber besitzt der, welcher alle möglichen Formen aus dem Senfkorn nicht in akzidenzieller Ähnlichkeit, sondern in essenzieller Wahrheit herausbilden kann. Und ein allen Verstand übersteigendes, unbeschreibliches Wunder ist es, nicht etwa aus Steinen lebende Menschen zu machen, sondern aus nichts und was nicht ist, ins Dasein zu rufen, während alle menschliche Kunst nur Etwas in Etwas bildet.

V. Endlich gibt es noch einen Weg, *in dir Gott zu suchen*. Das ist die Negation alles Begrenzten. Wenn ein Künstler aus einem Holz das Bild eines Königs verfertigt, so nimmt er alles hinweg, was anders begrenzt ist, als das Bild des Königs, das er geistig vor sich hat. Wenn du nun Gott dir vorstellst als besser denn alles, was man sich vorstellen kann, so wirfst du alles weg, was konkret und begrenzt ist: Körperlichkeit – Gott ist kein Körper – Sinne, Einbildung, die nicht ohne die Sinneswelt tätig sein können. Der Verstand begreift nicht alles; auch Vernunft nicht, denn auch sie ersetzt nicht die reine Wahrheit der Dinge.

Kurz: Du findest nichts in dir Gott ähnlich, und sagst daher, Gott sei über alles dieses hinaus das Prinzip deines geistigen Lebens, aus dem dir alles zufließt, was du hast. Auf diesem Weg findest du Gott, um ihn nach diesem Leben in seiner Wahrheit anzuschauen. – Das möge er dir und mir verleihen, er, der sich denen, die ihn lieben, reichlich mitteilt. Er sei gepriesen in Ewigkeit! Amen. (Quaer.D., passim)

## 5. Religionsfriede – De pace fidei

*Die Bedrohung der Christenheit und damit der westlichen Welt durch den im Sturm rasch sich ausbreitenden Islam stellte für den um Frieden und Einklang bemühten Bischof von Brixen, und nicht nur für ihn, bereits im 15. Jahrhundert eine nicht zu unterschätzende Herausforderung dar. Sie verlangte – abgesehen von des Ramon Lullus vorausgegangener Beschäftigung mit der Botschaft Muhammads – eine theologische Besinnung und eine intellektuelle Beantwortung, auch wenn diese nur ansatzweise möglich war. Die historischen Daten sind bekannt, insbesondere das der Eroberung Konstantinopels 1453. Sie hatte die innere wie äußere Ohnmacht der westlichen, mit der östlichen immer noch im Streit liegenden Kirche offenkundig gemacht. Höchste Zeit war es, über die Tatsache einer beinahe plötzlich erscheinenden – nach dem Judentum – dritten Weltreligion, dem Islam, nachzudenken. Nikolaus von Kues stellte sich dieser Aufgabe. In diesem Schicksalsjahr 1453 schrieb er nicht nur seine Spekulationen über die „Schau Gottes" (De visione Dei) nieder. Unmittelbar nach dem Fall der Weltstadt am Bosporus ging er daran, seine Gedanken über den Religionsfrieden (De pace fidei) niederzulegen. Schon in den vorausgegangenen Jahren, als sich die Konzilsväter in Basel um innerkirchliche Reformen bemühten, unterzog Nikolaus die heilige Schrift der Muslime, den Koran, einer kritischen Betrachtung in seinem Buch „De cribratione Alchoran". Nikolaus vertrat mit geringem Erfolg die Forderung einer Einigung der westlichen mit der östlichen Christenheit, um dem Ansturm der Muslime aus der arabischen Welt besser, und nicht etwa mittels gleicher Waffengewalt, gewappnet zu sein. Es muss ihm klar gewesen sein, dass eine kämpferische Auseinandersetzung mit jener neu ins Bewusstsein getretenen Weltreligion nicht in Frage kam. So gesehen war es der noch kaum ausgebildete ökumenische Gedanke, der im Geist einer in friedlicher Gesinnung getragenen Übereinkunft (concordia) nach einer praktischen Verwirklichung rief.*

*An dieser Stelle ist nun auf seine Schrift vom Frieden im Glauben (De pace fidei) einzugehen. Sie ergab sich angesichts der inzwischen eingetretenen aktuellen Ereignisse. Auch die damaligen Gewalttaten sollten nicht mit Gewalttaten vergolten werden. Vielmehr kam es darauf an, im Sinne des Apostels Paulus „mit den Waffen des Geistes" (Eph 6,16 f) zu kämpfen. Und so geht der Autor der Friedensschrift auf den Stand der Dinge ein:*

Die Nachricht über die Grausamkeiten, welche der türkische Sultan jüngst bei Konstantinopel verübte, haben einen frommen Mann, der früher jene Gegenden gesehen hatte, dergestalt ergriffen, dass er unter vielen Seufzern den Schöpfer bat, er möchte doch der außerordentlichen Verfolgung, die dort wegen der Verschiedenheit der Glaubensbekenntnisse wütet, in seiner Gnade eine Grenze setzen. Da geschah es, dass jenem frommen Manne[35] nach einigen Tagen infolge des täglich fortgesetzten Nachdenkens eine Erscheinung zuteil wurde, die ihn auf die Idee brachte, es könnte durch eine Vereinigung einiger verständiger Männer, welche von allen Verschiedenheiten der Religionen auf der ganzen Erde eine genaue Kenntnis haben, eine gewisse

35 Die Schilderung der nachfolgenden Imagination von einem Konzil im Himmel legt nahe, dass Nikolaus in dem „frommen Mann" sich selbst sieht.

Übereinstimmung (*concordantiam*) in denselben aufgefunden und so ein beständiger Religionsfriede durch ein geeintes, auf Wahrheit gegründetes Mittel hergestellt werden. Damit nun jene Erscheinung zur Kenntnis derer, welche bei jenen wichtigen Ereignissen einzuschreiten haben, gelänge, so hat er dieselbe, so gut das Gedächtnis sie wiedergab, im Nachstehenden aufgezeichnet (...)

Der König Himmels und der Erde sprach, traurige Botschaften von den Seufzern Unterdrückter seien aus dem Reiche der Welt zu ihm gelangt. Viele hätten um der Religion willen die Waffen gegeneinander erhoben. Eigenmächtig zwingen die einen die andern unter Androhung des Todes zur Abschwörung eines lange Zeit geübten Glaubens. Sehr groß war die Zahl der Überbringer dieser Klagen aus dem ganzen Erdenrunde, welche der Himmelskönig im Plenum den Heiligen vortragen ließ. Jene Botschafter schienen alle den Himmelsbewohnern bekannt zu sein, weil vom König des Universums selbst von Anfang an über die einzelnen Provinzen und Religionen eingesetzt. Sie sahen nicht wie Menschen aus, sondern erschienen als geistige Kräfte (*intellectuales virtutes*). (Pac.fid. 1)

*Aus einer Imagination des Cusanus heraus ist die Schrift „De pace fidei" so angelegt, dass eine Art himmlisches Konzil versammelt erscheint. Gott selbst hat dazu eingeladen, zusammen mit dem Logos, dem Fleisch gewordenen Wort (Christus). An die Seite der Gottheit sind die Apostelhäupter Petrus und Paulus getreten, wobei Paulus aufgrund seiner eminenten kirchengeschichtlichen Bedeutung gleichsam als Moderator wirkt. Die für ihn unbestreitbare Dominanz des Christus-Wortes ist ohnehin vorausgesetzt. Vor diesem oberen „Leitungsgremium" stehen die Vertreter aus sieb-*

*zehn Nationen und Glaubensrichtungen zum Disput bereit, beispielsweise je ein Grieche, Araber, Inder, Jude, Skythe, Türke, Armenier, daneben von den Europäern ein Franzose, Engländer, Spanier, Böhme, nicht zuletzt ein Deutscher (Alemannus). Nikolaus nimmt im Bild gleichsam jene Weltkonferenz der Religionen von 1883 vorweg, jene erste offizielle Zusammenkunft westlicher und östlicher Glaubensrichtungen in der Neuzeit.*

*Doch angesichts der in seinen Tagen noch relativ geringen ethnisch-kulturellen Kenntnisse scheint der Berichterstatter dieser Imagination zu übersehen, dass zur fraglichen Zeit – und noch lange danach – der Islam aufgrund seiner gesellschaftlichen Prägung nicht allein mit theologisch-religiösen Kriterien betrachtet werden kann. Immerhin weiß man seit Thomas von Aquin, dass die Christenheit nicht etwa mit einer dogmatischen Autorität ausgestattet bei einer derartigen Zusammenkunft auftreten sollte oder selbstgerecht über Andersgläubige zu urteilen habe. An die Stelle einer vorweg in Anspruch genommenen, gleichwohl gültigen christlichen „Glaubenswahrheit" müsse das urteilende Verstandesdenken (ratio) zur Geltung gebracht werden. Erst auf dieser Basis, die man später als den „gesunden Menschenverstand" bezeichnet, dürfte in der Hoffnung auf einen Ausgleich bei der Vielfalt unterschiedlicher Riten (una religio in rituum varietate) zu sprechen sein. Lediglich eine unter einen gemeinsamen Nenner gestellte Gottesverehrung ist es, die alle vereinigt. Insofern meint man, von einer einzigen (Ur-)Religion ausgehen zu können. Was die Gläubigen trennt, seien nur die jeweiligen, die zeit- und kulturbedingten, auch der Wandlung unterworfenen Formen der Religionsausübung. Insofern besteht nach Einschätzung des Cusanus Hoffnung auf Herstellung und Erhaltung eines von allen erstrebten*

*Glaubensfriedens. – Einer der Erzengel spricht vor Gott ein Ersuchen aus, das letztlich allen Anwesenden zugute kommen möge:*

Kann diese Verschiedenheit der Gebräuche eine Erhöhung der Gottesverehrung im Wetteifer der einzelnen Länder bewirken, so möge wenigstens, wie du *einer* bist, *eine* Religion und *eine* Gottesverehrung (*unus latriae cultus*) bestehen. Sei also versöhnlich, o Herr! Dein Zorn ist Liebe und deine Gerechtigkeit Mitleid. Erbarme dich deiner gebrechlichen Kreatur! So flehen deine Bevollmächtigten, die du deinem Volke zu Wächtern gesetzt hast, in tiefer Demut zu deiner Majestät." (Pac.fid. 1)

Als nach dieser Bitte des Erzengels alle Himmelsbürger sich vor dem höchsten Könige verbeugten, sagte der auf dem Throne saß, er habe den Menschen frei geschaffen und durch die Freiheit die Fähigkeit der Gemeinschaft mit ihm gegeben. Weil aber der tierische und irdische Mensch unter dem Fürsten der Finsternis in Unwissenheit gehalten wird, solange er in diesem sinnlichen Leben wandelt und nicht nach dem geistigen inneren Menschen, der in der Region seines Ursprungs sich bewegt, so habe er mit vieler Sorgfalt durch Propheten den Menschen von seinem Irrwege zurückgerufen. Und als endlich auch die Propheten den Fürsten der Unwissenheit vollständig besiegen konnten, habe er sein Wort, durch das er die Welt erschaffen, gesendet. Die Menschheit nahm es an, um auf diesem Wege den gelehrigen freien Menschen zu erleuchten, auf dass er einsehe, nicht nach dem äußern, sondern nach dem inneren Menschen müsse er wandeln, wenn er zur Süßigkeit des unsterblichen Lebens zu gelangen hoffen wolle (...) (Pac.fid. 2)

*Mit dem Wort, dem alles Daseiende das Sein verdankt, tritt der mit Gott verbundene Christus-Logos in Aktion. Dieses Wort erhebt nun vor den Versammelten seine Stimme. Dabei kommt zum Ausdruck, dass es unter allen Anwesenden aus den Völkern den Vorrang hat. Der Herr des Himmels wie der Erde bezeichnet vorweg Jerusalem als den für die drei Religionen bedeutsamen heilsgeschichtlichen Ort, an dem die friedliche Übereinstimmung der Religionen schließlich erfolgen möge. Daraufhin leisten die Versammelten als Vertreter der Völker und Religionen ihren Gesprächsbeitrag, indem sie der von allen anerkannten einen Weisheit und dem Inbegriff des einen Ursprungs allen Seins, mithin dem einen Gott, huldigen. Freilich geschieht der Meinungsaustausch nicht ganz problemlos, denn das für Nikolaus naturgemäß unstrittige zentrale christliche Dogma der Dreieinigkeit oder der Gottessohnschaft Christi bildet zumindest anfangs eine erhebliche Schwierigkeit, sowohl im Gegenüber zum Judentum als auch zum Islam. Dazu kommen weitere Punkte, die einer Klärung bedürfen. Im Gang des ziemlich friedlich verlaufenden Streitgesprächs ist eine Reihe der strittigen Themen abzuarbeiten. Es geht in erster Linie um eine Hinführung zum Glauben an den einen Gott, auch wenn nicht wenige in der Gottesverehrung Formen des Polytheismus praktizieren. Was im Gang der Gespräche auffällt, das ist eine erstaunlich hohe Bereitschaft an Zustimmung! Somit liegt es auf der Hand, dass Nikolaus nicht gerade beabsichtigt, die reale Kontroverse, wie sie unter anderem durch den Ansturm der Muslime in Erscheinung getreten ist, abzubilden. Des Cusaners Blick richtet sich vielmehr auf das für die Zukunft erhoffte Menschheitsziel. Aber verlangt nicht auch eine fiktive Schilderung eine strengere Berücksichtigung der in der Wirklichkeit vorliegenden Verhältnisse?*

Nun sprach einer, älter als die Übrigen, wie es schien, ein *Grieche*: Lob und Preis unserm Gotte, (...) der allein bewirken kann, dass die große Glaubensverschiedenheit zum gemeinsamen Frieden gebracht werde. Wir wünschen jedoch belehrt zu werden, wie diese Einheit durch uns hergestellt werden soll. Denn jede Nation wird schwerlich einen andern Glauben als den, welchen sie bisher mit ihrem eigenen Blut verteidigt hat, annehmen. – *Das Wort*: Ihr werdet finden, dass derselbe Glaube überall vorausgesetzt wird. Ihr alle seid doch Philosophen und liebt die Weisheit. Setzt ihr also nicht alle die Weisheit voraus? – *Alle* stimmen bei, und das *Wort* sprach: Es kann nur *eine* Weisheit geben. Gäbe es mehrere, so müssten sie aus *einer* herausstammen, denn vor aller Weisheit ist die Einheit (*unitas*). Jeder erfährt in der Entfaltung derselben ihre unendliche Kraft. – Der *Grieche*: Allerdings auf keinem andern Weg als durch Staunen über die sichtbaren Werke der Weisheit gelangen wir zur Liebe zu ihr ... Das *Wort*: Ihr seid auf ganz richtigem Weg zu unserm Ziel. Doch sagt mir: Umfasst diese eine Weisheit alles, was sich nur aussprechen lässt? (Pac.fid. 4)

*Der Italer* antwortete: Ja, es gibt kein Wort außer der Weisheit (*Non est verbum extra sapientiam*). Denn das Wort des Weisesten bewegt sich in der Weisheit, und im Wort ist Weisheit, und nichts ist außer ihr. Alles Unendliche umfasst die Weisheit. – *Das Wort*: Wenn also der eine sagt, alles ist in der Weisheit erschaffen, und der andere, alles ist im Worte erschaffen, würden sie dasselbe oder verschiedenes sagen? – *Der Italer*: Bei der Verschiedenheit der Worte ist hier Einheit des Gedankens, denn das Wort des Schöpfers, in dem er alles erschuf, kann nur seine Weisheit sein. – *Das Wort*: Ist also jene Weisheit Gott oder ein Geschöpf? – *Der*

*Italer*: Weil Gott der Schöpfer alles in Weisheit erschafft, so ist er notwendig die Weisheit der erschaffenen Weisheit. – *Das Wort*: So ist denn die Weisheit ewig, weil vor allem Erschaffenen (…) Es kann aber nicht mehrere Ewigkeiten geben. Die Weisheit ist also Gott, der eine, einfache, ewige, der Anfang von allem. – *Der Italer*: Gewiss. – *Das Wort*: Siehe, wie verschiedene philosophische Schulen in dem Bekenntnis eines Gottes, sofern sie alle Liebhaber der Weisheit (*amatores sapientiae*) sind, übereinstimmen. (Pac.fid. 5)

*Wo bei Nikolaus die von ihm so hoch gehaltene Toleranz endet, zeigt sich alsbald angesichts seiner Stellungnahme gegenüber Vertretern einer vom christlichen Glauben abweichenden Form der Gottesverehrung. Bezeichnenderweise lässt er diese Bewertung durch „das Wort“, also letztlich durch Gott selbst, aussprechen, um von da aus schließlich zum Argument für die allgemein anzuerkennende Gültigkeit des Begriffs von der Dreieinigkeit Gottes zu gelangen. Wie bekannt, handelt es sich für die beiden betont monotheistischen Religionen Judentum und Islam um ein in der Realität fortbestehendes Problem.*

*Der Inder*: Wie verhält es sich aber mit den Götzen-Statuen und Bildern? – *Das Wort*: Abbildungen, welche das veranschaulichen, was in der wahren Verehrung des einen Gottes erlaubt ist, sind nicht verwerflich. Wenn sie aber von der Anbetung des einen Gottes ablenken, als liege in den Bildsäulen selbst etwas Göttliches, so sind sie eine Täuschung, lenken von der Wahrheit ab und müssen daher mit Recht *zerstört* werden (*merito confringi debent*)…(!)

Nachdem die verständigen Römer, die Griechen und Araber ihre Götzenbilder selbst zerstört haben, ist zu hoffen, dass auch die weisen Inder, zumal sie die Notwendigkeit der Anbetung eines (einzigen) Gottes einsehen, dem Beispiel jener folgen werden. – Doch über den *dreieinigen Gott* wird es schwer sein, eine Eintracht herzustellen, da alle die Trinität ohne eine Dreiheit sich nicht denken können. – *Das Wort*: Gott als Schöpfer ist dreieinig und einer *(trinus et unus)*; also unendlich weder dreifach noch einer, noch irgendetwas von dem, was genannt werden kann. Da die Gottesverehrer ihn als den Urheber des Universums anbeten müssen, in diesem sich aber Vielheit, Ungleichheit und Trennung findet, und das Prinzip der Vielheit die Einheit, der Ungleichheit die Gleichheit, der Trennung die Verbindung ist, so ist Gott als die *Einheit, Gleichheit und Verbindung (unitas, aequalitas et connexio)* aufzufassen. Jede von diesen muss vor der Zeit also ewig sein, und da es nicht mehrere Ewigkeiten gibt, so ist diese Dreifaltigkeit einig, somit *Gott dreieinig*. (Pac.fid. 7)

*Nach dieser beinahe problemlos gefundenen Übereinkunft hinsichtlich der göttlichen Trinität, die der Jude (Pac.fid. 9) sogar als eine unleugbare Tatsache anerkennt, kommt das allein durch Christus zu erlangende ewige Leben und die Auferstehung von den Toten zur Sprache. Auf die Frage des Syrers, wie sich der Vorrang Christi erweisen lasse, heißt es:*

*Petrus*: Ich will es dir zeigen. Doch sage mir zuvor: Ist nicht Gott allein ewig und unsterblich? – *Der Syrer*: Allerdings, denn alles außer Gott hat einen Anfang, somit auch ein Ende. – *Petrus*: Hält aber nicht beinahe jede Religion, die jüdische, christliche, arabische und viele andere, fest, dass die menschliche Natur eines jeden Menschen nach dem Tode zum ewigen Leben auferstehen werde? –

*Der Syrer*: Allerdings. – *Petrus*: Sie geben also alle zu, dass die menschliche Natur mit der göttlichen und unsterblichen geeint werden müsse. Wie sollte sonst die menschliche Natur zur Unsterblichkeit übergehen, wenn sie nicht durch eine unauflösliche sich an sie anschlösse? – *Der Syrer*: Das setzt der Glaube an die Auferstehung (*fides resurrectionis*) notwendig voraus. – *Petrus*: Lehrt dies der Glaube, so muss die menschliche Natur in einem Menschen vorbildlich (*prioriter*) und mit der göttlichen geeint sein, in dem nämlich, welcher das Vorbild (*facies*) aller Völker ist, der höchste Messias und Christus, wie Araber und Juden Christus nennen. Er, der nach dem Glauben aller Gott am nächsten ist, wird derjenige sein, in welchem aller Menschen Natur zum voraus mit Gott geeint wird. Dadurch ist er der Erlöser und Mittler aller (*salvator et mediator omnium)*, in dem die eine menschliche Natur, durch welche alle Menschen eben Menschen sind, mit der göttlich und unsterblichen Natur geeint wird. (Geschehen ist das), auf dass so alle Menschen von gleicher Natur die Auferstehung von den Toten erlangen.

*Der Syrer*: Ich sehe, dass nach dir der Glaube an die Auferstehung der Toten die Einigung der menschlichen Natur mit der göttlichen voraussetzt, ohne welche dieser Glaube unmöglich wäre. Diese Einigung siehst du in Christus vollzogen. Dieser Glaube setzt also ihn voraus. – *Petrus*: Ganz richtig. Alle Verheißungen an die Juden haben im Glauben an den Messias oder Mittler ihre Bekräftigung, durch welchen allein die Verheißungen des ewigen Lebens in Erfüllung gehen können. – *Der Syrer*: Und wie steht es mit den anderen Religionssystemen? – *Petrus*: Ganz gleich. Alle Menschen haben in ihrer menschlichen Natur nur das

Verlangen und die Hoffnung des ewigen Lebens. Dazu haben sie Bußübungen und Opfer eingeführt, um sich in ihrer Natur diesem ewigen Leben besser anzuschmiegen. Die Menschen begehren die Glückseligkeit, welche das ewige Leben ist, und zwar in keiner anderen als in der ihnen eignenden menschlichen Natur. Der Mensch will nur Mensch sein, kein Engel oder eine andere Natur. Er will aber ein glückseliger Mensch sein, der die höchste Glückseligkeit (*ultimam felicitatem*) erreicht. Diese Glückseligkeit ist der Genuss oder die Einigung des menschlichen Lebens mit seiner Quelle (*unio vitae humanae cum fonte suo*), aus welcher das Leben selbst strömt. Und diese ist das göttliche, unsterbliche Leben.

Wie wäre aber dies dem Menschen möglich, wenn nicht in einer Person, die als die gemeinsame Menschennatur zu dieser Einigung erhoben wäre, durch welche als dem Mittler alle Menschen das letzte Ziel ihrer Sehnsucht (*finis desideriorum*) erreichen könnten? Dieser ist dann der Weg, weil er ein Mensch ist, durch welchen jeder Mensch den Zugang zu Gott hat, dem Ziele alles unseres Sehnens. Christus ist also die Voraussetzung aller, welche die höchste Glückseligkeit zu erlangen hoffen.

*Der Syrer*: Das gefällt mir ausnehmend. Denn wenn der menschliche Geist glaubt, er könne eine solche Einigung mit der Weisheit erreichen, dass er dadurch ewige Natur für sein Leben findet, so setzt er voraus, der Geist eines ganz erhabenen Menschen (*altissimi hominis*) habe jene Einigung in der erhabensten Weise erreicht und so das höchste und erhabenste Lehramt (*altissimum magisterium*) erlangt, mittels dessen er auf ähnliche Weise einmal zur Weisheit zu gelangen hofft. Würde er das nicht für unmöglich halten, so würde er es auch an dem hervorragendsten Menschen nicht für möglich halten. Da es nun die Hoffnung aller ist, einmal zur Glückseligkeit zu gelangen, auf welche jede Religion abzielt (...), so sehe ich , dass der Lehrmeister und Mittler, welcher im Besitz der höchstmöglichen menschlichen Vollkommenheit, den Principat (Vorrang) in aller Menschheit einnimmt, von allen vorausgesetzt werde.

Indessen die Juden sagen vielleicht, dieser Fürst (*princeps*) der menschlichen Natur[36], in welchem alle Mängel aller Menschen ausgeglichen sind, sei noch nicht geboren, sondern werde erst in die Welt kommen. – *Petrus*: Es genügt, dass sowohl Araber als auch Christen und andere, die mit ihrem Blute Zeugnis abgelegt haben, als auch, was er selbst während seines Wandels auf Erden Übermenschliches vollbracht hat, bezeugen, er sei bereits gekommen.[37] (Pac.fid. 13)

*Bis dahin hat der Vertreter der Tartaren mit Verwunderung von der Vielfalt der christlichen Dogmen und gottesdienstlichen Gebräuche gehört und mehrfach an widersprüchlich Scheinendem Anstoß genommen. Als Beispiel führt er das Sakrament der Eucharistie, d.h. des heiligen Abendmahls, an. Widersinnig scheint ihm, dass Brot und Wein für Leib und Blut Christi stehen. Aber eben das bezeichnet er geradezu als verabscheuungswürdig: „Sie (die Christen) verschlingen nämlich, den sie verehren ...“ Unmöglich ist ihm, das zu begreifen. Er meint, dass durch derlei Lehren eher Spaltung, Hass und Feindschaft erzeugt werde, als dass im Verhältnis der Religionen eine tragfähige Übereinkunft zustande komme.*

*Da ergreift Paulus im Auftrag des göttlichen Wortes und in seiner Eigenschaft als Völkerapostel das Wort. Er tut es*

36 Gemeint ist der im Judentum immer noch erwartete Messias.
37 Nämlich in Gestalt des Jesus von Nazaret, nach christlichem Verständnis als der in der hebräischen Bibel prophezeite Messias.

*unter Hinweis auf das, was er im Römerbrief (Kap. 3,20; 1,17) hinsichtlich der allein Heil bringenden Bedeutung des Glaubens gegenüber einer auf menschliche Leistung gestützten Frömmigkeit bereits geschrieben hat. So kann es kaum verwundern, dass der Cusaner zu einer Einsicht gelangt, die ein knappes Jahrhundert später in der auf die Erlösungstat Christi bezogenen Rechtfertigungslehre Martin Luthers (sola gratia, sola fide – allein aus Gnaden, allein durch den Glauben – solus Christus, allein Christus) eine entscheidende Rolle spielen sollte:*

*Paulus*: Man muss zeigen, dass nicht durch die Werke, sondern durch den Glauben das Heil dargeboten (*praesentari*) werde. Abraham war der Glaubensvater aller Glaubenden, seien es Christen, Araber oder Juden. Er glaubte Gott (*creditit Deo*). Und dies wurde ihm zur Gerechtigkeit angerechnet. Die Seele des Gerechten wird das ewige Leben erben. Ist dies zugegeben, so wird die Verschiedenheit der Riten keine Störung machen, denn sie sind als sinnliche Zeichen der Wahrheit des Glaubens eingesetzt und angenommen. Die Zeichen lassen eine Veränderung zu, nicht aber das dadurch Bezeichnete.

*Der Tartar*: Erkläre mir, wie der Glaube rechtfertigt (*salvat*). – *Paulus*: Wenn Gott etwas aus reiner Gnade und Barmherzigkeit verspricht, muss man dann nicht ihm, der die Macht hat, alles zu geben, und der wahrhaftig ist, glauben? – *Der Tartar*: Gewiss, zumal niemand getäuscht werden kann, der ihm glaubt. Wer ihm nicht glaubte, wäre unwürdig, eine Gnade von ihm zu erhalten. – *Paulus*: Was rechtfertigt also den, der die Gerechtigkeit erlangt? – *Der Tartar*: Seine Verdienste nicht, sonst wäre es nicht Gnade, sondern Schuldigkeit. – *Paulus*: Ganz richtig. Allein gerade weil kein Mensch durch seine Werke vor Gott gerechtfertigt wird, sondern weil der Allmächtige durch seine Gnade, wem er will, das gibt, was er will. So muss man, um würdig zu sein, die Verheißung, welche pure Gnade ist, zu erlangen, notwendig Gott glauben. Dadurch wird der Mensch gerechtfertigt. Dadurch allein erlangt er die Verheißung, dass er Gott glaubt und hofft, dass das Wort Gottes in Erfüllung gehe. (Pac.fid. 17)

*Weil im selben Zusammenhang die Frage nach Erfüllung religiöser Gebote und Satzungen eine bedeutsame Rolle spielt, sei es im Judentum, Christentum, Islam und in weiteren Religionen, liegt es nahe, dass im selben Kapitel auch dazu Paulus Stellung bezieht.*

Die göttlichen Gebote sind ganz kurz, allen hinlänglich bekannt und allen Nationen gemeinsam. Ja, das Licht, das sie aufhellt, ist unserer vernünftigen Seele anerschaffen. *In uns selbst spricht Gott,* dass wir ihn lieben sollen, von dem wir das Leben haben, und dass wir keinem etwas zufügen, außer was wir wünschen, dass auch uns zugefügt werde. Die Liebe ist die Erfüllung des Göttlichen Gesetzes.[38] Alle Gesetze reduzieren sich auf dieses eine Gesetz (...) Es mag schließlich genügen, den Frieden im Glauben und in dem Gebote die Liebe zu befestigen und den Ritus da wie dort zu dulden. (Pac.fid. 17)

*Endlich lässt Cusanus die Gespräche der Religionsvertreter in einen generellen Kompromiss einmünden. So ergreift Paulus ein letztes Mal das Wort. Sein Rat lautet:*

---

38 Paulus im Römerbrief 13,10.

Wo sich keine Übereinstimmung in der Art und Weise finden lässt, lasse man die Nationen – unbeschadet des Glaubens und Friedens – bei ihren Andachten und Zeremonien verharren. Die Andacht gewinnt vielleicht sogar durch die Verschiedenheit, wenn jede Nation sich bemüht, ihren Gottesdienst durch Eifer und Sorgfalt an Glanz zu erhöhen, um die anderen darin zu übertreffen, um so mehr Verdienst vor Gott, sowie mehr Lob vor der Welt zu erlangen. (Pac. fid. 20)

*In einem kurzen Schlussbericht merkt der prinzipiell auf Übereinkunft bedachte und optimistisch gestimmte Cusanus an, dass den Versammelten die Gottesverehrung der Völker als Grundtatsache wichtiger gewesen sei und bleibe als die divergierenden Formen, in denen diese erfolgen. Diese Auffassung sieht er aufs Ganze gesehen in den heiligen Schriften der Religionen eher bestätigt als in Frage gestellt. Damit soll zum Ausdruck gebracht werden, dass die jeweiligen Grundlagen der Gottesverehrung so etwas wie einen generellen, also nicht allein biblischen „Schriftbeweis" darstellen. Das geschieht ausgehend von dem Vorverständnis, dass alle Religionen letztlich ein und denselben Gott verehren. Eingeräumt wird lediglich, dass nur das „einfache", durch die „Macht der Finsternis" irregeleitete Volk dieser Einsicht zu widersprechen pflegt. Die Aufgabe der in allen Völkern und Religionen lebenden Weisen sei es daher, die dem Glaubensfrieden dienende Erkenntnis zu verbreiten.*

Nachdem alles dieses mit den Weisesten aus den Nationen durchgesprochen war, wurden sehr viele Schriften von solchen vorgelegt, welche über die alten Gebräuche geschrieben haben, deren es in jeder Sprache einige hervorragende gibt, zum Beispiel bei den Lateinern Marcus Varro, bei den Griechen Eusebius, welcher die verschiedenen Religionen zusammengestellt hat, und noch viele andere. Nach Durchgehung derselben zeigte sich, dass alle Verschiedenheit mehr im Ritus als in der Verehrung des einen Gottes gelegen sei, von welchem sich aus der Vergleichung aller jener Werke ergab, dass er von Anfang an stets von allen vorausgesetzt und in allen Gottesdiensten verehrt worden sei, wiewohl das schlichte Volk, durch die feindliche Macht des Fürsten der Finsternis oft irregeführt, nicht immer verstand, was es tat.

So wurde denn nun im Himmel der Vernunft die Eintracht der Religionen beschlossen in der bisher angegebenen Weise (*conclusa est igitur in coelo rationis concordia religionum*). Der König der Könige befahl, die Weisen sollten in ihre Länder zurückkehren und ihre Nationen zur Einheit des wahren Kultus bewegen. Dienende Geister sollten sie führen und ihnen beistehen. Dann sollten sie mit Vollmacht von allen versehen (*cum plena omnium potestate*) in Jerusalem als dem gemeinsamen Mittelpunkte zusammenkommen und im Namen aller einen gemeinsamen Glauben annehmen und er mit denselben einen ewigen Frieden schließen, auf dass durch den Frieden der Schöpfer aller verherrlicht werde, dem Preis und Ehre sei in Ewigkeit! Amen. (Pac. fid. 20)

*Die cusanische Vorgehensweise lässt sich demnach als die Methode einer philosophischen Mystik bezeichnen, als „ein Weg des Denkens für Zeiten, in denen es nicht unter Gegensätzen leidet, für glückliche Tage, in denen wir die Muße und die Neigung haben, zu verbinden, zusammenzufassen, in der Vielfalt und Verschiedenheit der Welt die schöne Harmonie des Einen zu sehen (…) Als ein Weg zur*

*Überwindung wirklicher, das heißt bestehender und als bedrohlich empfundener Gegensätze mag die Mystik ungeeignet sein. Doch wenn man um die prinzipielle Möglichkeit einer mystischen ‚visio Dei' weiß, wird man anders mit Gegensätzen umgehen können als ohne dieses Wissen. Wenn dem vom Affekt geforderten Entweder/Oder immer ein von der Vernunft angezeigtes Weder/Noch gegenübersteht, dann wird sich ein ausweglos erscheinender Gegensatz manchmal vielleicht in ein Verstehen des Sowohl/Als auch wenden lassen.*"[39]

## 6. Kritik des Korans – De cribratione Alchorani

*Der Koran, das heilige Buch der Muslime, hat es seinen nichtmuslimischen Lesern nie leicht gemacht. Daran hat sich bis heute, nicht zuletzt infolge der Struktur der Texte, kaum etwas geändert. Die Christenheit, insbesondere die um innere, mystische Begegnung Bemühten, konnten jedoch an den von Muhammad empfangenen Kundgaben Allahs nicht achtlos vorübergehen. Zum einen wird darin auf die großen Gestalten des Glaubens wiederholt Bezug genommen, angefangen bei Adam und Abraham über Mose bis hin zu den Propheten des Alten Testaments. Zum andern wird Jesus, der „Sohn der Maria", respektvoll genannt. Doch wird alsbald klar, dass der Jesus Christus des christlichen Dogmas nicht gemeint sein kann. Im Islam gilt er weder als „Gottes Sohn", der gestorben und auferstanden ist, noch wird er als Gestalt innerhalb der göttlichen Trinität anerkannt. Die als*

39 Tilman Borsche in: Klassiker der Religionsphilosophie, a.a.O., S. 256.

*eine Dreigötterlehre missverstandene Dreieinigkeit kann als solche vor dem Anspruch eines prinzipiellen Monotheismus, wie er im Islam zum Ausdruck kommt, nicht bestehen.*

*Was nun Cusanus und seinen Umgang mit dem Koran bzw. Alchoran anlangt, so ist von Bedeutung, worauf es ihm ankommt oder aus welcher Sicht und in welcher Herangehensweise er sich mit dieser heiligen Schrift beschäftigt. Bemerkenswert ist zunächst, mit welch großem, sich über viele Jahre erstreckenden Eifer er versucht hat, den Koran zu verstehen und – freilich als Christ – einzuschätzen. Darüber legt er in seiner auf zwei Vorworte verteilten Einführung Rechenschaft ab. Er nennt beispielsweise Zeitgenossen, unter ihnen Franziskaner in Konstantinopel, die über eine arabische Vorlage, und auch andere, die über eine Übersetzung ins Lateinische bzw. Griechische verfügten. Er gesteht einleitend: „Ich gab mir die größte Mühe, das Gesetzbuch der Araber zu verstehen, das ich nach der Übersetzung des Abtes Petrus von Cluny zu Basel (das heißt anlässlich des Konzils, 1432)[40] besaß, samt der aufgezeichneten Disputation zweier vornehmer Araber …"*

*Die besondere Bedeutung, die Nikolaus seinen kritischen Ausführungen über den Koran beimisst, ergibt sich aus der Widmung, mit der er seine Schrift Papst Pius II. (1458 – 1464) zueignet. Ihm unterwirft er sein Buch und alle seine Schriften, „ wie es einem Christen geziemt, ganz und gar, mit dem Vorsatze, in keinem Stücke je von deinem apostolischen Throne abzuweichen". Dem entspricht denn auch die*

40 „Einen wesentlichen Gegenstand des Konzils bildeten die Probleme der griechischen Kirche gegen die osmanischen Eroberer in Kleinasien. Nikolaus von Kues vertrat den Gedanken einer Einigung der beiden christlichen Kirchen gegen die feindlichen Mohammedaner, wie sie schon Kaiser Manuel II. Paläologus 1418 gewünscht hatte." (Leo Gabriel)

*Intention von Nikolaus: „Meine Tendenz geht dahin, auch aus dem Alchoran die Wahrheit des Evangeliums nachzuweisen." In der zweiten Vorrede spricht sich der Verfasser optimistisch gestimmt auch dafür aus, dass es nicht schwer sei, im Alchoran die Wahrheit des Evangeliums zu finden, „obwohl Mahomed[41] selbst vom wahren Verständnis desselben weit entfernt war". Dem Cusanus ist nicht entgangen, dass der Koran als Ganzes durch einen eigentümlichen Rhythmus oder durch eine bemerkenswerte dichterische Metrik (carmen bene mensuratum) ausgezeichnet sei. – Angenommen wird, dass die zur theologischen Auseinandersetzung zwischen Christentum und Islam gedachte Schrift bereits 1441, also lange vor der Eroberung Konstantinopels, niedergeschrieben wurde.*

### *a) Zum Inhalt des Korans*

Wer von den Arabern und Christen durch die Gnade Gottes Vollkommenheit erlangt hat, weiß wohl, dass der Alchoran unter dem Vorwand der Vertilgung des Götzendienstes lehrt, Christus sei weder der Sohn Gottes, noch sei er gekreuzigt worden. Dies scheint die Haupttendenz des ganzen Buches zu sein. Denn nur dieser Glaube besiegt den Teufel und die Welt. Nur dieser Glaube vermag das unsterbliche Leben im geistigen und unzerstörbaren Himmelreich zu verleihen. Durch Aufhebung dieses Glaubens sucht der Satan das Evangelium ganz auszurotten, wie wir denn leider sahen, dass schon viele christliche Reiche vom wahren Glauben Christi abgefallen sind und das arabische

41 Mahomed ist die ältere Wiedergabe des Namens Mohammed oder Muhammad.

Gesetz angenommen haben. Wir wissen jedoch sowohl aus dem Evangelium als auch aus dem Alchoran, dass Mahomed nicht das Übergewicht erlangen könne: *Christus wird zuletzt siegen.*

Viele Christen unter arabischen Fürsten dienen Christus nur umso treuer, und unzählige Christen sind wieder zurückgekehrt. Viele Araber geben sich nur aus Furcht vor dem Schwert für Anhänger jenes Glaubens aus. In der Todesstunde bekennen sie sich als Christen; zuletzt werden dies alle tun. (Cribr.Alch. 3)

Der Alchoran sagt, die Jungfrau Maria, die Mutter Jesu, sei die Schwester Aarons und die Tochter Amrams. Gewiss hat der, welcher dies Mahomed angab, geirrt und das Wahre nicht gewusst, da Maria, die Tochter Amrams, die Schwester Moses und Aarons, vor mehr als tausend Jahren gestorben ist, während nach demselben Alchoran Maria, die glorreiche Mutter Jesu, zur Zeit des Zacharias, des Vaters Johannes' des Täufers, lebte. Ein Buch mit solchen Irrtümern kann nicht ein Werk Gottes sein (...) Man kann auch den Inhalt des Alchoran nicht als Gottes Wort ansehen, wenn er mit früheren, durch Gott überlieferten und durch den Alchoran selbst angenommenen Schriften nicht harmonisiert. (Cribr.Alch. 4)

### *b) Vorzug des Evangeliums*

*Nikolaus von Kues legt besonderen Wert darauf, dass die positiven Werte, die im Koran enthalten sind, seiner Überzeugung nach nur aus dem Evangelium kommen können, so wie andererseits Gegenteiliges, was dem Evangelium nicht gemäß ist, dem behaupteten göttlichen Ursprung dieses Buches widerspricht. Unnötig, an dieser Stelle eigens zu sagen, dass des Cusaners Islam-Bild durch zeitbedingte Verkürzungen gekennzeichnet ist. Insofern sind auch die von ihm zitierten Suren – er spricht von Kapiteln – mit entsprechendem Vorbehalt zu lesen. Immerhin gibt es für Cusanus im Koran Abschnitte, aus denen er Strahlen des Evangeliums wahrzunehmen meint.*

Im fünften Kapitel des Alchoran heißt es: „Der gütige und barmherzige Gott, der lebendige und höchste, außer welchem es keinen andern gibt, ist es, der zuerst das Alte Testament, nachher das Evangelium als rechten Weg den Menschen gegeben hat (…) Siehe, wie das Alte Testament und Evangelium die rechten Wege genannt werden und der Alchoran selbst dies bestätigt! (…) Wo dieser also mit jenen beiden nicht übereinstimmt, muss man sich auf die Seite des Letzteren stellen.

Zu beachten ist ferner Kapitel 12, wo es heißt, Gott habe den Juden erklärt: „Christus ist der Sohn Mariens, welchem ich (Allah) das Evangelium anvertraut habe, welches das Licht und die Kraft des Alten Testaments, der rechte Weg der Gottesfürchtigen ist. Zur Erfüllung eures Gesetzes habe ich ihn gesendet." Anderswo nennt er das Evangelium hell leuchtend *(lucidum)*, einmal sogar glanzvoll *(splendissimum)*. Wenn dem so ist, so finde ich im Alchoran nichts, was zur Seligkeit notwendig ist, über das hinaus, was das Evangelium enthält. Was nach dem Alchoran zur Seligkeit notwendig ist, ist dem Evangelium konform (…)

In dem Kapitel *Elmeide* steht: „Wir haben den Fußstapfen der Menschen durch Jesus, den Sohn Mariens, der überaus wahrheitsliebend ist, eine bestimmte Richtung und ihm das Evangelium gegeben, das eine Richtschnur, ein Licht und offenbare Wahrheit ist.“ Daraus erhellt, dass der Alchoran die Araber an das Evangelium weise. Denn es steht im Alchoran: „Man soll wissen, dass die Gesetzesmänner[42] die Vollkommenheit keines Gesetzes oder Glaubens erreichen, außer die des Alten Testaments und des Evangeliums. Sie sollen daher den Geboten dieses von Gott gegebenen Buches gehorchen. Dies kann nur von den Juden und Arabern, welche die Männer des Gesetzes sind, gemeint sein. Im 70. Kapitel wird erwähnt: „Alle Guten sollen Gott dienen, wie es Jesus Christus, der Sohn Mariens, gelehrt hat.“ Wenn also die guten Christen diesen Geboten des Alchoran nachkommen, so verdienen sie gewiss von den Verehrern des Alchoran keinen Tadel. (Cribr.Alch. 5)

Es lässt sich vom Alchoran nicht sagen, er sei in sich genügend und der rechte Weg, außer sofern das Evangelium in ihm enthalten ist. Nur das im Alchoran (Enthaltene) kann das Verständnis der Wahrheit und des rechten Weges genannt werden, was mit dem Evangelium übereinstimmt. Der Verfasser des Alchoran war über das Evangelium nicht im Ungewissen. Er führt zusammenhängende Stücke aus demselben an, zum Beispiel, als Christus die Gleichnisse erklärte, wie einige von ihm weggingen, von dem Getreidekorn, von dem Blindgeborenen et cetera.

Da das Evangelium mehrere hundert Jahre vor Mahomed der Welt bekannt geworden und bis heute unverändert geblieben ist, so muss man sich wundern, dass die Araber nicht zum Verständnis des Alchoran das Evangelium lesen und studieren, wie denn auch viele Gebildete unter ihnen

42 Gemeint sind Juden und Christen als Menschen, die über heilige Bücher verfügen und sich nach Gottes Geboten halten.

heimlich dem Evangelium die größte Verehrung erweisen, dass sie ohne dasselbe nichts Gutes aus dem Alchoran entnehmen können.

Würden aber die heiligen und wahren Bücher des Evangeliums öffentlich gelesen, so würde das Falsche des Alchoran alsbald entdeckt werden. *Das Schöne, Wahre und Herrliche, das sich im Alchoran befindet, ist ein Strahl aus dem Sonnenglanz des Evangeliums!*

Das sieht man erst ein, wenn man nach Lesung des Evangeliums sich an den Alchoran macht. Woher hat dieser die Weltverachtung, den Vorzug des künftigen Lebens, Überzeugung von der Gerechtigkeit und den Werken der Barmherzigkeit, Liebe Gottes und des Nächsten, Aufopferung des Vermögens, ja selbst der Seele für Gott? Woher hat er den Glauben, sterben für Gott sei ewiges Leben? Woher haben Liebe zur Tugend, Verbot des Wuchers, Mordes, Meineides, der Hurerei, der Begierde nach fremdem Gute im Alchoran ihren Glanz erborgt, wenn nicht durch die Vollkommenheit des Evangeliums? Warum wird vieles, was der Alchoran dem Sinnengenuss verheißt, als Werk der Finsternis, als hässlich und gering selbst von arabischen Gebildeten betrachtet, als weil es zu den Verheißungen des Evangeliums durchaus nicht stimmen will?

*Die Sonne des Evangeliums leuchtet aus dem Alchoran heraus!* Das geschieht selbst gegen die Absicht des Urhebers, für die, welche den Geist Christi haben, freilich nicht für den schlüpfrigen Mahomed und jene Antichristen, welche diese Welt der künftigen vorziehen und nichts für gut halten, was nicht ihre Begierden befriedigt. Sie meinen, Gott, der Urheber des Alchoran, genehmige ihre verdorbenen Gelüste, und beachten nicht, dass nichts wahr ist, was dem Evangelium widerstreitet! (Cribr.Alch. 6)

Niemand darf sich durch die Behauptung berücken lassen, der Alchoran könne nicht von Menschen, nicht von Dämonen, sondern wegen seiner ausnehmend schönen Sprache nur von Gott herrühren. Gesetzt auch, Mahomed habe diese Gabe gehabt und man schließe daraus, das Buch sei ein Geschenk Gottes, so folgt daraus keineswegs, dass alles, was in ihm steht, das Wort Gottes sei, der wahrhaft und sich gleichbleibend ist.

Nun schwankt aber der Alchoran, wie wir gesehen haben, in seinen Angaben über das Alte Testament und Evangelium. Dass aber eine schöne Wortstellung noch nicht auf die Wahrheit des Gesagten schließen lässt, so erhellt aus dem dritten Kapitel des Alchoran, wo zu lesen ist: „Süßtönende Worte, die mit dem Herzen nicht übereinstimmen, rufen Gott, den Herzenskundigen als Zeugen an. Und da sie dem Redenden Verderben, dem Volke Schande bringen, so mögen sie mit den Strafen im Abgrund der Gehenna gezüchtigt werden."

Wollten wir zugeben, die Absicht des Alchoran sei, wie seine Anhänger sagen, Gott dem Schöpfer, Christus und den Propheten nicht nur nichts zu entziehen, sondern vielmehr deren Ehre zu erhöhen und zu bekräftigen – wovon freilich der Alchoran an vielen Stellen das Gegenteil enthält! –, dann freilich könnte die Lektüre des Alchoran einigen Nutzen gewähren. Liest man das Leben Mahomeds im Alchoran, so sieht man sogleich, es sei durch göttliche Zulassung deshalb geschrieben, damit erhelle, es halte mit Christus, Mose und andern Propheten keinen Vergleich aus, viel weniger habe es einen Vorzug. (Cribr.Alch. 7)

(...) Der Gott des Alchoran sagt im Kapitel 4: „ Während ich einen der Propheten über den anderen erhoben und mit einigen derselben selbst gesprochen habe, so habe ich

Christus, dem Sohn Mariens, meine eigene Seele verliehen, ihm dadurch Kraft und Macht vor allen anderen gegeben." – Wenn wir also alle von Gott uns geschickten Propheten hören und ihnen folgen müssen, so gilt dies in vorzüglichem Grade von Christus. Ein anderes Mal sagt der Alchoran, Christus habe gesagt: Denen, die Gott fürchten, sollen wir folgen. Denn durch Anbetung meines und eures Gottes schreitet ihr auf der rechten Bahn.

An einer anderen Stelle heißt es: „Die uns verliehene göttliche Wahrheit zeigt dem Wanderer den rechten Weg, dessen Betretung die Seligkeit, dessen Verlassen Nachteil bringt." Die göttliche Wahrheit ist aber durch Christus im Evangelium offenbar geworden (...) Dann wieder: „Alle Guten dienen Gott, wie Jesus, der Sohn der Maria, uns auffordert, wenn er die Männer mit weißen Kleidern fragt: Wer wird mir beistehen, indem er mir nachfolgt? Worauf jene antworteten: „Wir." Einige der Söhne Israels glaubten, die wir weit über die ungläubig Gebliebenen erheben. – Wir haben nun hinlänglich aus dem Alchoran gezeigt, man müsse vielmehr Christus als Mahomed, dem Evangelium als dem Alchoran folgen. (Cribr.Alch. 8)

### *c) Christus im Koran*

Hören wir noch das Gespräch im Alchoran, Kapitel 13: Gott sagt: „Jesus, Sohn der Maria, du beredest die Menschen, sie sollten an Gottes Statt dich und deine Mutter als Götter annehmen und verehren. Jesus antwortete: Gott behüte, dass ich etwas wider die Wahrheit rede! Was ich gesprochen habe, weißt du, der du die Geheimnisse aller Herzen durchschaust. Du durchdringst die Geheimnisse meines Herzens, ich aber sehe nicht in dein Herz. Du weißt, dass ich den Menschen nur deine Gebote mitgeteilt habe. Sie sollen dich als meinen und ihren Gott anbeten. Jetzt, da du mich von ihnen zu dir erhöht hast, magst du der Richter über mich sein. Gott spricht: „Der Tag des Gerichts naht heran. Ich komme nun für die, die mir gefolgt sind. Es wird ihnen zum größten Vorteil sein; ein Paradies, lieblich von Wasserströmen durchzogen, will ich ihnen geben; denn ich bin der allmächtige Gott, der über Himmel und Erde gebietet." – Diese Stelle enthält nichts gegen die göttliche Sohnschaft Christi. Dass dieser je die Menschen gelehrt habe, ihn und seine Mutter an Gottes Statt zu verehren, sagt weder das Evangelium, noch glauben es die Christen. Jesus kam nur, um Gott, seinem Vater, die Ehre zu geben, seine eigene Ehre suchte er niemals. (Cribr.Alch. 9)

*Cusanus legt nahe, dass der Koran in dieser Weise von Christus rede und gleichzeitig einen Nachweis seiner Gottheit erbringe. Dabei handelt es sich zweifellos um eine Unterstellung, die den Intentionen des Islams und auch des Korans widerspricht.*

Es steht nämlich im Alchoran, Jesus Christus sei der Sohn der Jungfrau Maria, mit folgenden Worten: „O Maria, herrlicher, reiner und schöner als alle Frauen und Männer! Dir wird die höchst erfreuliche Botschaft im Worte Gottes, welches Jesus Christus heißt, der das Urbild aller Völker in dieser und der zukünftigen Welt, ein höchst weiser und trefflicher Mann ist, vom Schöpfer des Universums gesendet. Jene antwortete: „O Gott, da ich einen Mann nicht kenne, wie soll ich einen Sohn haben? Die Engel antworteten: Gott ist nichts unmöglich. Er wirkt alles, wie er will. Er wird deinen Sohn, der mit göttlicher Kraft ausgerüstet kommt, im Gesetzbuch, in der Lehrweisheit, im Alten Testament und Evangelium unterrichten (...) Das Alte Testament wird er bestätigen und ausrufen: ‚Ihr Gottesfürchtigen, folget mir! Gott ist mein und euer Herr.' Wer ihn anbetet, wandelt auf dem rechten Weg."

An einer anderen Stelle (heißt es im Alchoran): „Jesus, der Sohn der Maria, ist Gottes Gesandter, dessen Geist und das vom Himmel an Maria gesandte Wort." Er ist also derselben Natur wie Gott, der ihn sendet; denn Gott und sein Wort sind nicht zwei Götter, sondern derselbe ein(gestaltige) Gott. So sind also der sendende Gott und das gesendete Wort derselben göttlichen Natur. Da aber der sendende Gott nicht sich selbst sendet, noch auch einen andern Gott, so kann der Sendende nicht der Gesendete noch der sendende Gott ein anderer als der gesendete sein. (Cribr.Alch. 12)

(...) Gott wirkt alles durch die Weisheit. Der Alchoran sagt nun: „Christus, der mit göttlichen Kräften kommt, spricht: Siehe, ich bin da mit Weisheit, eure Streitigkeiten zu schlichten. Folgt mir nach und fürchtet Gott!" – Der Alchoran nennt also, was er vorhin das Wort nannte, jetzt göttliche Kraft und Weisheit. Doch warum nennt er den Sohn lieber Wort als Sohn? Vielleicht um allen Anlass zum Götzendienst solchen zu benehmen, welche eine geistige Sohnschaft nicht zu fassen vermochten. Es ist auch in der Tat eine unpassende Ausdrucksweise (zu sagen): Gott hat einen Sohn. Denn da Gott alles das ist, was er hat, so könnte es soviel heißen, als: Gott der Vater sei der Sohn.

Wie dem auch sei, der Alchoran hatte nicht die Absicht, dem Evangelium und dem Zeugnis des Johannes des Täufers zu widersprechen, den er den Bekräftiger der Behauptung, Christus sei der eingeborene Sohn Gottes, nennt. Er scheint also nur darin von den Christen abzuweichen, dass er den das Wort Gottes und den Sohn Mariens nennt, den die Christen Christus nennen. (Cribr.Alch 13)

Wenn der Alchoran Jesum den *Messias*, das ist Christus, nennt, so gibt er von ihm alles zu, was die Propheten von Christus sagen. Der Prophet Micha sagt[43]: „Du Betlehem Efrata, du kleine unter den Städten Judas, von dir wird für mich ausgehen der Herrscher in Israel. Sein Ausgang ist von Anfang an von den Tagen der Ewigkeit." – Dieser Prophet redet von der Zeugung (*generatio*) des Messias, die ihm teils eine zeitliche in Betlehem, teils eine ewige ist. Von Anfang der Welt an ist geweissagt, Gott werde den Messias als Heiland in die Welt senden (...)

Der Alchoran will nicht weniger von Christus aussagen als das Evangelium und die Propheten. Wenn er sagt, Christus sei als der höchste Bote Gottes mit der Kraft Gottes erschienen, so sagt er das Größte von ihm; denn wie ist der Gesandte fähig, die Macht des ihn sendenden Gottes zu fassen, wenn er nicht der absolut Höchste ist? Wie kann er eine pure Kreatur sein, wenn Gott einen Vollkommeneren und Reineren als ihn nicht erschaffen kann? Wie kann er eine Macht haben, die nicht die absolut größte ist durch die Mitteilung der Fülle der göttlichen Macht? (Cibr.Alch. 15)

### *d) Vom Wesen der Dreieinigkeit*

*Nach des Cusanus Gedanken zum koranischen, mit dem Evangelium angeblich konformen Christusverständnis meint er auch das Dreieinigkeitsdogma als mit dem Islam vereinbar hinzustellen zu können.*

43 Micha 5,1.

Ich schreite jetzt zur Erklärung der Dreieinigkeit, die wir in der Gottheit anbeten, und zeige, dass der Alchoran – richtig ausgelegt – der Dreieinigkeit, wie wir Christen sie nach dem Evangelium glauben, nicht widerspricht (...) Im 11. Kapitel des Alchoran wird Christus genannt Jesus, der Sohn der Maria, Gottes Gesandter und Geist, das Wort, das Marien vom Himmel gesandt wurde. Wer also an Gott und diesen seinen Gesandten glaubt, sage nicht, es seien drei Götter, da nur ein Gott ist, der keinen Sohn hat, dessen Allmacht alles im Himmel und auf Erden unterworfen ist. Christus selbst und die der Gottheit nächsten Engel werden am wenigsten leugnen, dass sie Gott unterworfen sind.

Wir antworten hierauf: Das Evangelium verwirft nicht nur alle Vielheit der Götter, sondern erklärt dieselbe für geradezu unmöglich. Niemand bezweifelt, dass Gott das Prinzip und der Urgrund von allem ist. Wie kann die Vielheit Prinzip sein, da vor ihr die Einheit oder Einzigkeit (*singularitas*) ist, die als reines Prinzip notwendig ewig ist, weil sie der Anfang, nicht das Angefangene ist (*quia principium et non principiatum*)? (...)

Von diesem unendlichen Gott spricht der Alchoran im 29. Kapitel: „Das Ende dieser Welt oder den Tag des Gerichts, der keine Lüge ist, erwartend, erkenne nur den Gott, der keine Grenze hat, außer dem kein anderer Gott ist", und Kapitel 64: „Jedes Weltwesen hat seine Grenze; nur die Gestalt des großen und gütigen Gottes ist unbegrenzt. Wer leugnet dies?" (Cribr.Alch. II,1)

Diese edle Beschaffenheit hat unsere geistige Natur von ihrem Schöpfer: Wie dieser als Schöpfer die wirklichen Dinge hervorbringt, so der Geist, sein Abbild, durch Denken die Bilder der wirklichen Dinge. Gottes Schaffen ist ein

Setzen von Wesen (*creare est essentiare),* Denken ist Assimilieren. Da nun der Schöpfer vor allem ein Bild von dem hat, was er schafft, was er versteht zu schaffen und schaffen will, so ist der eine Schöpfer des Alls notwendig *dreieinig*, dessen Bild in unserem Geiste, der eines im Wesen und dreifach in seiner Wirksamkeit ist, sich abspiegelt.

So ist Gott *Vater, Sohn und Heiliger Geist.* Wegen dieser Trinität nennt Mose Gott am Anfang der Genesis im Plural *Elohim*[44] und sagt: „Lasset uns Menschen machen", wiewohl er anderswo wieder sagt: „Ich bin Gott, der Eiferer." So sagt auch im Alchoran Gott: „Wir haben die Menschen aus vergänglicher feuchter Masse erschaffen", und anderswo: „Den Himmel und alles Himmlische haben wir nach unserem Belieben erschaffen", wiewohl es wieder an einer anderen Stelle heißt: „Sage meinem Volk, ich bin der barmherzige Gott."

Wie Mose und Mahomed durch den Ausdruck der Mehrzahl in dem Schaffen und Wirken Gottes nicht eine Mehrheit von Göttern anerkennen wollten, so wollen die Christen um der Dreieinigkeit willen nicht vom Glauben an einen Gott und Schöpfer ablassen. (Cribr.Alch II,3)

*Nach einer Reihe weiterer Betrachtungen, die den Begriff der göttlichen Dreieinigkeit stützen sollen, sieht es Nikolaus von Kues als erwiesen an, dass die Muslime schon denknotwendig die Dreieinigkeit anerkennen müssen. Und dazu veranlasse sie nicht zuletzt der Koran selbst:*

Wenn die Araber nicht freiwillig die Trinität im Göttlichen zugeben, so wird ihnen aus dem Alchoran, den sie doch für ein Buch der Wahrheit halten, nachgewiesen, dass Gott einen

44 Gemeint ist der Gottesname im Buch Genesis 1,1.

Genossen habe. Dort spricht Gott zu Mahomed: „Dir, der du Gesetz und Schrift nicht kanntest, schickten wir unsern Geist und verschafften dir dadurch Erleuchtung." Dann wieder: „Der gepriesene und ganz gerechte Geist hat dein Herz durchdrungen, dass du mit ihm ausgerüstet die Araber zurechtweist." Christus nennt er bekanntlich Jesus, den Sohn der Maria, den Gesandten Gottes, und dessen Geist das Wort, das Marien vom Himmel gesandt wurde. Ferner: „Gott und sein gepriesener Geist haben den Alchoran verfasst."

Da nun der Geist Gottes keine Kreatur genannt werden kann und der gesendete Geist nicht durch sich selbst gesendet ist, so muss man, wenn man nicht sagt, er sei die dritte Person in der Gottheit – vom Vater und Sohn gesandt – notwendig mehrere Götter annehmen. Doch das ist ganz gegen die Tendenz des Alchoran. Auch das Wort Gottes kann keine Kreatur sein, denn durch das Wort Gottes ist alles erschaffen worden. Das Wort Gottes ist also Gott. Ist es Gott und doch nicht die zweite Person, der Sohn, so kommt man wieder auf mehrere Götter. Das Wort Gottes ist ein Genosse Gottes (*particeps Dei*). Die Araber müssen also an die Trinität glauben, sonst sind sie Ungläubige!

Es lässt sich auch so beweisen: Ihr gebt zu, das Evangelium sei ein ganz klares und wahres Buch. In diesem steht nun, es sei ein Gott: Vater, Sohn und Heiliger Geist. Hiergegen könnt ihr nichts anführen, da das Evangelium von keiner geringeren Autorität als der Alchoran ist, wie dieser selbst behauptet. (Cribr.Alch II,11)

### *e) Christi Tod und Auferstehung*

*Jesus Christus wird im Koran lediglich als der Mensch, genannt „Jesus, Sohn der Maria", und als einer in der Folge der jüdischen Propheten angesehen.*[45] *Er sei weder am Kreuz gestorben, noch könne er nach seinem Tod auferstanden sein. Demnach ist Cusanus bestrebt, zu diesen gegenüber dem Evangelium „nicht unerheblichen Abweichungen des Alchoran" Stellung zu nehmen. Offensichtlich ist er überzeugt, dass beispielsweise Christi Kreuzigung im Koran (gemäß Cribr.Alch. II, 14) nicht grundsätzlich ausgeschlossen sein müsse. Bisweilen erweckt diese Auslegung den Eindruck, Muhammad gehe manchmal mit dem Evangelium konform. Durchwegs ist Cusanus bestrebt, das im Koran Niedergelegte mit dem Evangelium zu harmonisieren. Ist das nicht möglich, so erwartet er von Muhammad und den Muslimen, dass sie sich dem christlichen Verständnis angleichen.*

Im 11. Kapitel des Alchoran steht, Christus sei nicht gestorben, sondern ein dem Christus ähnliches Subjekt hätten die Juden aufgehängt. Christus sei nicht getötet worden. Der unergründbare, weise Gott habe ihn zu sich hinüberwandern lassen (*transmigrare fecit*) (...)

Da nun nach den Schriften der Späteren der Alchoran nicht so verstanden werden soll, als widerspreche er sich, da er das Evangelium und die Propheten anerkennt, so fragt es sich, was er mit dem Vorerwähnten sagen will. Suchen wir zuerst das dem Evangelium Konforme auf, die Stelle: Zuletzt werde Christus der eine Hirte und die ganze Welt der eine Schafstall desselben sein[46]. In Übereinstimmung hiermit lehrt der Alchoran, alle Männer des Gesetzes, des

45 Vgl. S. Balic in: Lexikon Religiöser Grundbegriffe. Judentum, Christentum, Islam, hrsg. A. Th. Khoury. Wiesbaden 2007, Sp. 542 – 546.

46 Gemäß der Rede vom guten Hirten (Joh 10), der sich der Seinen fürsorglich annimmt.

Alten wie des Neuen (Testaments) und des arabischen, würden vor dem Tage des Gerichtes an ihn wahrhaft glauben.

Die ganze Tendenz des Alchoran ist der Glaube an den einen Gott. Somit trennt er in der Behauptung: alle Gesetzesverehrer werden an Christus glauben, diesen von der Gottheit nicht (...) Er (der Alchoran) spricht ihm stillschweigend eine göttliche Natur zu. So sagt auch im Evangelium Christus, wer an ihn glaube, der glaubt an den, der ihn gesandt hat. Sodann nehmen Evangelium und Alchoran im letzten Gericht denselben Richter und Zeugen an, der nach dem Evangelium Christus ist. Da auch der Alchoran dies stillschweigend zugibt, wenn er Christus den Zeugen seiner Getreuen in der Zukunft nennt, so erkennt er ihn auch als den Richter an (...)

Nach einer milden Auslegung hat der Alchoran diese Geheimnisse nur den Verständigen (*sapientibus*) offenbaren wollen. Daher sagt er, er verschweige kein Geheimnis. Nur für die Verständigen sei er leicht, für die anderen schwer zu verstehen. Die ungebildeten Araber, welche der Alchoran die schlimmsten unter allen Ungläubigen nennt, durften nicht offen über jene Geheimnisse belehrt werden. Hätte Mahomed ihnen einfach das Evangelium gepredigt und kein besonderes Gesetz gegeben, so wären sie zum christlichen Gesetze übergegangen, das sie beinahe 600 Jahre lang verworfen hatten. Er belehrte sie daher, sie seien Ismaeliten und stammen von Abraham ab. Sowohl Juden als auch Christen verehrten diesen Patriarchen und hätten seinen Glauben, durch den er so Großes von Gott in dieser und der anderen Welt erlangt habe (...)

Auch lehrt der Alchoran, dass diejenigen, welche den christlichen Glauben annehmen, aber die Gebote nicht halten, mehr als alle anderen Gott beleidigen und in der Hölle die größten Strafen leiden. Daher verbarg ihnen Mahomed die Geheimnisse des Evangeliums, von denen er glaubte, dass sie später den Verständigen bekannt würden. So blieb ja auch das Evangelium am Anfang vielen dunkel und unbekannt, bis es nach und nach besser erkannt wurde. Wäre das nicht nützlich gewesen, so hätte Christus zu dem Volk nicht in Gleichnissen geredet. (Cribr.Alch. II,12)

Einige sagen, dem Verfasser des Alchoran sei die Kreuzigung wohl als eine Lästerung erschienen. Man dürfe sie von einem so großen Propheten nicht annehmen, da sie ihm nicht zur Ehre gereicht hätte. In diesem Falle hat er das Mysterium des Kreuzes Christi nicht verstanden. Die Kreuzigung Christi ist seine Erhöhung und Verherrlichung, die Rechtfertigung und das Leben des Christus und die Auferstehung aller Menschen (...)

Als der Apostel Paulus vom Kreuze Christi predigte, das den Juden ein Ärgernis, den weltweisen Griechen eine Torheit war[47], schwieg er nicht, bis er das Geheimnis der Erlösung den Christen enthüllt hatte. Hätte der Alchoran den Arabern die Kreuzigung Christi, ohne zugleich das Geheimnis aufzuschließen, offen gelehrt, so hätte er in ihrem Sinne Christus nicht verherrlicht. Nach einer milderen Auslegung wollte er wohl den schmählichen Tod Christi den Arabern verbergen und daher lehren, er lebe noch und werde wiederkommen. Er hätte auch seine Auferstehung vom Tode, vermöge der Gewalt, die er nach seiner Aussage im Evangelium hatte, sein Leben hinzugeben und wieder zu nehmen, nicht lehren können. (Das hätte er nicht gekonnt), außer wenn er ihn nicht einen bloßen Menschen, sondern auch als Gott auffasste. Doch das stand dem Alchoran im Widerspruch zur Einheit Gottes. Auch passte es (...) sonst

47 Vgl. 1 Kor 1,23.

nicht zu seinem Glauben, zu lehren, Christus sei bereits vom Tode auferstanden, weshalb er vermutlich so gesprochen hat. Er spricht indes in einer Weise, dass die Verständigen wohl zwischen den Zeilen lesen (*elicere*) können, das Evangelium habe das Wahre. (Cribr.Alch. II,13)

(...) In der Himmelfahrt Christi vollzog sich sein Hinaufgenommenwerden (*assumptio*). – Nach Mahomed haben die Juden nicht Christus getötet, sondern einen anderen, der ihm ähnlich war, und nirgends erwähnt er die Kreuzigung. Vielleicht wollte Mahomed so argumentieren: Christus lebt, also ist er durch die Juden nicht getötet worden, denn wie könnte er sonst leben, außer durch die Auferstehung. Diese ist aber noch nicht erfolgt, sondern erfolge erst in der Zukunft (...)

Es ist gewiss, dass Christus von den Juden seiner Seele nach nicht getötet wurde. Denn sie hätten wegen seines Gehorsams gegen Gott getötet. Und als solcher darf er nicht für tot gehalten werden. Dass die Juden Christus gekreuzigt haben, ist – nach dem Alchoran – ganz irrig. Wohl zu beachten ist aber, was im Alchoran dabei steht: „Indem sie sich als Urheber (*auctores*) seines Todes bekennen, fühlen sie in ihrem Innern eine nicht geringe Beklommenheit (*ambiguitatem*), allein getötet haben sie ihn nicht."

Nach diesen Worten scheint nicht geleugnet zu sein, dass die Juden nicht die Urheber des Todes Christi sein könnten, wenn sie ihn auch nicht getötet haben. Der Alchoran leugnet also die Kreuzigung Christi nicht ganz und gar (*in toto*), die Pilatus, wenn auch nicht die Juden, vornehmen lassen konnte, so wie es im Evangelium steht. (Cribr.Alch. II,14)

Dass Christus ohne Leiden (*expers malorum*) gestorben und durch seine eigene Kraft lebendig auferstanden ist, scheint aus dem 28. Kapitel des Alchoran klar hervorzugehen, wo Christus unter anderem also spricht: „Gott hat mich als einen, der frei von Leiden ist, erschaffen. Über mir ruht die Hand Gottes (*divina salus*) am Tage meiner Geburt und meines Todes, aus welchem ich lebendig hervorgehe."

Dies ist ein wahres Wort über Christus, den Sohn der Maria, worüber jedoch viele verschiedener Ansicht sind. Beachte, dass von dem Tage des Todes, nicht von dem der allgemeinen Auferstehung, die er anderswo auf Johannes, den Sohn des Zacharias (das heißt Johannes, den Täufer) anwendet, die Rede ist, wenn er sagt, die Hand Gottes sei über Johannes am Tage seiner Geburt, des Todes und der Auferstehung. – Ich verstehe daher jene Stelle so, Christus sei vor der allgemeinen Auferstehung gestorben und wieder auferstanden, wie es das Evangelium lehrt (...)

Es muss daher die Stelle im Alchoran: „Alles ist tot, außer Gott" im Verhältnis zu Gott verstanden werden, der allein in der Unsterblichkeit wohnt (*inhabitat immortalitatem*), durch welchen alles Lebende insofern lebt, inwiefern Gott ihm Leben verleiht. Gott verleiht aber der vernünftigen Seele die Freiheit, infolge derer sie gerichtet wird, wenn sie den Irrtum der Wahrheit vorzieht. Sie kann daher nicht untergehen, da sie dem göttlichen Gericht unterworfen ist (...)

Es müssen auch nicht alle einst zu richtenden Wesen zu Gott, aus dem sie sind, zurückkehren, da es bei ihm kein Vergessen, keine Vergangenheit gibt. Somit müssen die Araber jene nicht mit dem Evangelium harmonisierenden Sätze im Sinne des christlichen Glaubens auffassen. Nicht ohne guten Grund nennt der Alchoran das Evangelium oft ein sehr helles Licht und den rechten Weg. Unrichtig ist die Behauptung, Christus werde noch einmal sterben und zuletzt mit den anderen auferstehen. Wahr ist nur, dass er von den Toten auferstanden ist. (Cribr.Alch. II,15)

### *f) Invektive gegen den Alchoran*

Bei der Lektüre des Alchoran bemerkte ich, dass er sehr oft des furchtbaren Tages des Letzten Gerichts, des Paradieses und der Hölle Erwähnung tut. Das geschieht in einer großen Mannigfaltigkeit von Gleichnissen, da sich das, was noch in keines Menschen Sinn gekommen, nicht anders als auf dem Wege der Mutmaßung nach dem Sinnlichen und Sichtbaren, das ein Bild des Geistigen ist, beschreiben lässt (...)

Als ich aber im Alchoran von der Keuschheit der Jungfrau Maria, des Johannes des Täufers, von dem Lobe der Keuschheit überhaupt las, von dem Verbot des fleischlichen Zusammenlebens in Tempeln (...), da musste ich staunen, wenn so oft von Freudenmädchen und ihren Brüsten, vom tierischen Konkubinat im Paradiese die Rede ist, mit der Erklärung im 88. Kapitel, das sei die beste Vergeltung Gottes für die Gläubigen. Das Schamgefühl hielt mich ab, jene schmutzigen Dinge zu lesen, indem ich mir dachte: Wenn Mahomed dieses Buch voll Unrat Gott zuschreibt oder es zwar selbst schreibt, aber Gott die Urheberschaft zuschreibt, so wundere ich mich, wie verständige, keusche und tugendhafte Araber, Mauren, Ägypter, Perser, Afrikaner und Türken, welche zu jenem Glauben gehören, Mahomed für einen Propheten halten, dessen Leben niemand nachfolgen kann, der nach dem Himmelreich strebt, wo man nicht heiratet, sondern, wie Christus lehrte, den Engeln gleich ist.[48] So Schmutziges spricht niemand auf

48 Vgl. Mt 22,30.

eine so schmutzige Weise aus, der nicht selbst voll solchen Schmutzes ist; aus der Fülle des Herzens redet der Mund![49] (Cribr.Alch. II,19)

*Sein zweites Buch über den Alchoran beschließt Cusanus mit dem Hinweis, dass diese von ihm als schmutzig und nichtig empfundenen Lehren so zu betrachten seien, dass aus diesem Buch gemäß dem Willen Gottes dennoch etwas vom „Lichtglanz des Evangeliums" hervorschimmere:*

Das Licht des Evangeliums leuchtet so hell, dass ohne dasselbe nichts wahr und hell ist. Jedes Wort, jede Schrift, die des Lichtes entbehrt, welches (dennoch) spricht: „Ich bin das Licht der Welt, das jeden Menschen erleuchtet (…)" – ist finster, ungeordnet, dunkel, todbringend, dem Geiste ein Abscheu. Und nur der tierischen Natur, die aus dieser Welt ist, mag sie ergötzlich erscheinen. (Cribr.Alch. II,19)

## 7. Auf der Jagd nach der Weisheit – De venatione sapientiae

Ich habe mir vorgenommen, meine Jagden auf die Weisheit, wie ich sie bis zu meinem Greisenalter vor dem Auge meines Geistes für immer wahrer gehalten habe, in den Hauptergebnissen aufzuzeichnen und der Nachwelt zu hinterlassen, da ich nicht weiß, ob mir eine längere und geeignetere Zeit zum Denken vergönnt ist; denn ich habe jetzt das 61. Lebensjahr zurückgelegt. (Venat.sap. 1)

49 Vgl. Mt 15,19.

*Mit diesen Sätzen eröffnet Cusanus eine seiner Schriften, die seinem Spätwerk zugerechnet werden. Der Hinweis auf sein – für seine Zeit – bereits vorgeschrittenes Alter unterstreicht dies. Man könnte in diesen Ausführungen eine Art philosophisches Testament erblicken, bringt er doch schon in der Überschrift zum Ausdruck, dass sein religionsphilosophischer Denkweg mit einer entschiedenen Gottsuche begonnen hatte. In der besprochenen und alsbald auch erwähnten Schrift dieses Themas (De quaerendo Deum) hat er sein Bemühen bereits knapp umrissen. Und was die dabei benutzte Metapher der Jagd (venatio) anlangt, so gibt er damit zu verstehen, dass er an das Streben Platons und der Antike anknüpft, die sich ebenfalls dieses Bildes bedient haben. Inzwischen habe er im Zuge seiner vielfältigen kirchenpolitischen Geschäfte – bei Diogenes Laertius – gelesen und bedacht (meditatione), auf welche Weise die Philosophen von einst der Weisheit (sapientia) mit Eifer gefolgt seien. Auch er habe sich auf eine solche Jagd begeben müssen, und zwar aus einem inneren Antrieb heraus, weil ein bestimmtes, auf ein Erkenntnisziel gerichtetes Streben dem Menschen eingeboren sei. So heißt es im Vorwort weiter:*

Durch ein unserer Natur angeborenes Verlangen streben wir nicht nur nach Wissen (*scientiam*), sondern nach Weisheit (*sapientiam*), das ist: nach einem schmackhaften Wissen (*sapidam scientiam*). (Venat.sap 1).

*Weil unsere geistige Natur lebt, bedarf sie dieser ihr angemessenen, durch nichts zu ersetzenden Nahrung, die die geistige Bemühung vermittelt. Dazu gehört die Anwendung der Logik, ebenso die Kunst der Dialektik. Und weil sich Cusanus mit Vorliebe geometrischer Vergleiche bedient, ge-*

*hört die Geometrie zum Arsenal seiner denkerischen Übungen und Vergleiche. Allen Veranschaulichungen aber bleibt eine dienende Funktion zugemessen. Die dabei benutzten Bilder verbürgen noch nicht Weisheit und Wahrheit, aber sie weisen über sich hinaus auf das jeweils Zugrundeliegende. Beispielhaft bleibt dem Kusaner, wie Platon und Aristoteles ihre Weisheitsjagd betrieben haben und wie Jahrhunderte nach ihnen in anderer Weise „der große Dionysios" als Christ den inneren Blick stets auf das Erste, das Eine, das Ewige, Unsterbliche gerichtet habe. Wichtig wurde dem Cusanus als christlichem Denker auf der Schwelle zur Neuzeit indes die Klärung der Frage, wie sich die antiken Denker im Gegenüber zur Bibel, die Philosophie der Griechen und christliche Theologie zueinander verhalten. Ist etwa der Gott der Philosophen ein anderer als der Vater Jesu Christi? Oder gibt es eine Konvergenz, einen Zusammenklang der beiden unterschiedlichen nach innen führenden Wege? Im 9. Kapitel kommt Nikolaus von Kues darauf zu sprechen:*

Wer mit diesen Voraussetzungen zuerst die Genesis, die Mose lange vor der Zeit der Philosophen geschrieben hat[50], liest, wird wiederfinden, was ich oben über die Prinzipien gesagt habe. Mose sagt: Im Anfang schuf Gott Himmel und Erde, dann das Licht, womit er sagen will, das Werdenkönnen der Welt, welche durch Himmel und Erde bezeichnet ist, sei im Anfange erschaffen worden. Nachher beschreibt er erst das wirklich Gewordene: den Himmel, der unter dem Firmament, die Erde, die unter dem Trockenen, das Licht, das unter der Sonne zu verstehen ist. Im Werden-

50 Es versteht sich, dass bibelkundliche Aussagen des Cusanus, wie sie im 15. Jahrhundert üblich waren, nicht mit der Elle moderner Textkritik und historischer Forschung zu messen sind.

können wurde alles verworren und complicite erschaffen, was nachher wirklich geworden und entwickelt worden ist. Wenn er daher ausführt, Gott habe gesagt: Es werde Licht, und es ward Licht, so hat er dies von der Natur des Werdenkönnens gesagt. Im Werdenkönnen sah er das Licht als gut und notwendig zur Wahrheit dieser sichtbaren Welt an, und sprach daher zu dieser Natur des Lichts im Werdenkönnen: Es werde Licht (...) Das Wort Gottes aber, auf welches die Natur hört, dass alles werde, ist Gott selbst. (Venat.sap. 9)

*Dieser Schilderung und Deutung von Genesis 1 stellt Cusanus einige Weltentstehungskonzepte der Platoniker und Vorsokratiker gegenüber. So merkt er an, wie beispielsweise Vertreter der Schule Platons im Wort „den weltgründenden Verstand" (lat. mens; griech. nous) sehen und darüber differenzierende Aussagen machen. Er legt dar, wie Aristoteles mit den Begriffen Wirklichkeit und Möglichkeit arbeitet; wie die Stoiker von Gott als dem Baumeister (opifex) sprechen, wie Epikur und andere mit ähnlichen Begriffen umgehen. Von daher sucht Cusanus bei aller Verschiedenheit der Ansätze eine gewisse Gemeinsamkeit auszumachen, wenn er zu dem Ergebnis kommt:*

Bei genauer Erwägung geht die Tendenz *(intendunt)* aller auf das oben Ausgeführte: Gott, der reinste Akt, macht auch alles aus dem Werdenkönnen, nur hat *Mose* es viel bestimmter ausgesprochen, dass das Werdenkönnen ein Geschöpf Gottes sei. *Thales* widerspricht dem nicht, wenn er sagt, die Welt sei ein Geschöpf Gottes. So hält auch *Platon* die Erschaffung der Welt fest. Beharrlich sagt er, alles Sinnliche sei notwendig von einem früheren Prinzip. Die Zeit sei nicht vor der Welt, sondern mit der Erschaffung der Welt sei auch die Zeit entstanden (...) (Venat.sap. 9)

*In weiteren Pirschgängen seiner philosophischen Jagd, auf denen er unter anderem in zehn Feldern nach der Weisheit „jagt", besichtigt der Kusaner in der ihm eigenen Weise seine Jagdbeute, indem er festhält:*

Der Höhepunkt des Werdenkönnens der Güte, der Größe, Schönheit, Wahrheit et cetera zeigt das Seinkönnen als die Ursache der Güte (...) Da ich also das Seinkönnen als die Ursache aller lobenswerten Eigenschaften erkenne, und diese alle durch Teilnahme am Lobe lobenswert sind, so nenne ich das Seinkönnen das Lob, welches das ist, was sein kann, weil es Quelle und Ursache alles Lobenswerten ist. So sagt der große Prophet *Mose* in seinem Lobgesang: „Gott ist mein Lob." Da ich demnach Gott als die wesentliche Ursache alles Lobenswerten erkenne, so sehe ich auch mit *Dionysios*, dass die Wesenheit und Substanzen von allem, was geworden ist oder werden kann, durch Teilnahme an dem Lobenswerten sind, was sie sind.

Das ist also, was ich durch meine Jagd erbeutet habe: *Mein Gott ist in allem Lobenswerten lobenswert,* nicht als partizipiere er an dem Lobe, sondern als das absolute Lob, das in sich selbst lobenswert und die Ursache alles Lobenswerten ist. Er ist daher vor und über (*prior atque major*) allem Lobenswerten, denn er ist der Höhepunkt (*terminus*) und das Seinkönnen alles Lobenswerten: *Alle Werke Gottes sind lobenswert.* (Venat.sap. 34 – 36)

Da also das Werdenkönnen aus nichts (*de nihilo*) durch das Machenkönnen hervorgebracht und nicht geworden ist, so sagen wir, es sei erschaffen. Da wir nun das absolute Machenkönnen den Allmächtigen nennen, so sagen wir, der Allmächtige sei ewig, nicht geworden, nicht erschaffen, der nicht zu nichts oder anders werden kann, als er ist, weil er vor dem Nichts und dem Werdenkönnen ist (...) Hiermit glaube ich nun, den unvollkommenen und nicht vollständig geläuterten Begriff meiner Jagd, soweit es mir möglich war, dargelegt zu haben. Ich unterweise alles dem Urteil eines Geistes, der besser als ich in diese Tiefen eindringt. (Venat. sap. 39)

## 8. Briefwechsel mit den Mönchen im Kloster Tegernsee

*Wie erwähnt, gehörte zu den vielseitigen Obliegenheiten des Bischofs und Kardinals Nikolaus von Kues die seelsorgerliche Betreuung und die theologische sowie kirchenrechtliche Beratung einer Reihe von Klöstern. Das schlug sich auch in Briefen nieder, die zeigen, welche Probleme dabei eine Rolle gespielt haben. Gefragt war Nikolaus nicht nur wegen seiner kirchenpolitischen Fähigkeiten, sondern als ein über die Theologie hinaus umfassend gebildeter Gelehrter. „So umfasste dieser ‚uomo universale' nicht nur das Wissen seiner Zeit, sondern erweiterte es auch durch eigene Denkarbeit, die auf selbstgebahnten Wegen neue Ziele suchte."[51] Sein Erkenntnisstreben basierte auf dem Neuplatonismus und,*

51 Wilhelm Oehl in: Deutsche Mystikerbriefe des Mittelalters (1931). Darmstadt 1972. S. 534.

*wie ebenfalls angedeutet, auf der Mystik Meister Eckharts. Unangefochten war er hingegen keineswegs. Einer seiner Kontrahenten, Johannes Wenck, griff den Philosophen der „Docta ignorantia" an und bezichtigte ihn der Häresie.*

*Da war es Bernhard von Waging in Oberbayern, Prior der Tegernseer Benediktiner, der dem Cusanus in einer Verteidigungsschrift zur belehrten Unwissenheit (Laudatorium doctae ignorantiae) zur Seite trat. Das war auch im Sinne seines Abts Kaspar Aindorffer, der sich mit seinen theologischen Fragen an Bischof Nikolaus wandte. Die Tegernseer waren nicht die Einzigen, die sich mit Problemen der mittelalterlichen Philosophie und solchen der Spiritualität beschäftigten, etwa: Wie kommt man in der Mystik zu einer Erkenntnis Gottes? Geschieht das in erster Linie auf dem Weg der intellektuellen Bemühung oder auf dem der liebenden Hingabe? Gefragt ist in jener Zeit das „experimentum pietatis", worunter das Bedürfnis zu verstehen ist, in der mystisch-kontemplativen Übung zu einer tiefgehenden religiösen Erfahrung zu gelangen. Dass dieses Erkenntnisringen im Zusammenhang klösterlicher Reformbemühungen zu sehen ist, kann an dieser Stelle nur angedeutet werden.*

*Kaspar Aindorffer beklagt sich zunächst über so manche der umlaufenden, von ihm gelesenen mystischen Schriften, die nicht klar genug Auskunft geben, „ob die fromme Seele ohne Vernunfterkenntnis oder ohne vorhergehendes oder gleichzeitiges Denken, allein durch den Affekt oder den Seelengrund, durch die sogenannte ‚synteresis'[52] Gott erreichen und unmittelbar zu Gott gelangen kann". – Nikolaus, der*

52 Unter synteresis (bzw. synderesis) verstand die scholastische Theologie im Anschluss an Hieronymus die auch durch die Sünde nicht zerstörbare, in der Geistseele des Menschen liegende Orientierungsfähigkeit auf das sittliche Sollen.

*am 22. September 1552 aus Brixen antwortet, räumt ein, dass pastorale Verpflichtungen ihn derzeit stark in Anspruch nehmen, weshalb er auf eine seiner Predigten verweist, die den Tegernseern offenbar bekannt sind. Dort finde sich eine entsprechende – man darf sagen: typisch cusanische – Auskunft:*

(...) nämlich wie die Erkenntnis mit der Liebe zusammenfällt. Es ist unmöglich, dass der Affekt in Bewegung gesetzt wird, außer durch die Liebe. Und alles, was geliebt wird, kann nur als Gut geliebt werden. Niemand aber ist gut außer Gott, wie die Wahrheit selbst sagt. Und ferner: Alles, was als Gut geliebt oder erwählt wird, wird nicht ohne alle Erkenntnis des Guten geliebt, weil es ja als Gut eingeschätzt und so geliebt wird. Es ist also in jeder solchen Liebe, durch die jemand in Gott geführt wird, irgendeine Erkenntnis, wenn er auch nicht weiß, was das ist, was er liebt.

Es ist also ein Zusammentreffen von Wissen und Nichtwissen (*scientia et ignorantia*) oder ein wissendes Nichtwissen (*docta ignorantia*). Denn wenn man nicht wüsste, was ein Gut ist, würde man nicht das Gute lieben. Aber doch weiß der, der es liebt, nicht eigentlich, was dieses Gut ist. Die Liebe zu einem Gut zeigt nämlich dieses Gut als noch nicht wahrgenommen. Die Bewegung des Gemütes, das ist eben die Liebe, würde aufhören, wenn sie ihr Ziel erreicht hätte. Der gottliebende Geist bleibt immer in Bewegung, damit er mehr erreicht. Und weil Gott ein unendliches Gut ist, lässt der Geist niemals ab von seiner Bewegung. Der liebende Geist kann also nicht aufhören, weil die Liebenswürdigkeit des Geliebten unerreichbar ist.

*Für Nikolaus ergibt sich daraus eine Konsequenz, die er dem Tegernseer Fragesteller antwortend nahelegt. Sie be-*

*steht für ihn in der Zusammengehörigkeit von Erkenntnis und Gottesliebe in Gestalt des mystischen Verbundenseins mit Christus:*

Der Liebende wird also nicht ohne jede Erkenntnis entrückt, und diese Erkenntnis schöpft er aus seinem Anhangen an Gott, wie der Prophet spricht: „ Es hanget meine Seele an dir.“ Das Evangelium lehrt, Gott in dieser Welt durch den Glauben zu erreichen. Und deshalb gibt es keine Gottesliebe, die den Liebenden in Gott entrückte, außer wenn an Christus geglaubt wird, der das offenbarte, was er beim Vater sah, nämlich dass es ein unsterbliches Leben gibt, zu dem wir gelangen können durch das Anhangen an das göttliche Leben in unserer Menschennatur – im Sohne Gottes, dem Menschensohn.

Dieser Glaube nämlich, dass der Mensch so zur Gottheit gelangen könne, ist in dieser Welt die höchste Wissenschaft, die jede Wissenschaft dieser Welt übertrifft. Und die Welt wird durch diesen Glauben überwunden (...) Die Glaubenden kommen zur Erfahrung dessen, was sie glauben, wie der heilige Johannes der Täufer sagt: „Wer das Zeugnis Christi aufgenommen hat, der hat besiegelt, dass Gott wahrhaftig ist.“ Und der Evangelist Johannes sagt: „Allen aber, die ihn aufnahmen, gab er die Macht, Kinder Gottes zu werden.“[53] Und deshalb gelangen die Weisen dieser Welt nicht zu Gott, der das Leben ist, wie der Täufer sagt: „Wer an den Sohn glaubt, hat das Leben; aber wer dem Sohne nicht glaubt, wird das Leben nicht sehen“.

Darum ist zu jeglicher Schauung notwendigerweise der Glaube erforderlich. Glaubenserfahrung aber gewinnen wir

53 Joh 1,12.

in der Beobachtung der Gebote. Wenn wir also einen einfältigen Mann finden, der eifrig die Gebote Gottes beobachtet und ein gläubiger Christ ist, so glauben wir, dass er wie Paulus in Schauung entrückt werden kann.[54] Freilich, in der Entrückung täuschen sich viele, die an Bildern festhaften und Phantasie als Wahrheit nehmen. Die Wahrheit jedoch ist Objekt des Intellekts und wird nur *unsichtbar* geschaut.[55]

*Wie nachhaltig der Gedankenaustausch und die darin sich äußernde Unterweisung dem Tegernseer Abt und seinen Mitbrüdern gegenüber sich gestaltet hat, belegen die weiteren Briefe des Brixener Bischofs. Den in der mystischen Literatur forschenden und um konkrete Gotteserfahrung bemühten Mönchen waren Zweifel gekommen. Sie wollten von Nikolaus wissen, wie es sich mit den Äußerungen des „großen Dionysius" Areopagita verhalte, der einen Aufstieg zur mystischen Theologie „ohne Wissen" empfohlen habe. Dies könnte so verstanden werden, dass das von Nikolaus gelehrte Erkenntnisstreben, der „intellectus", verneint würde. Er muss in seiner Antwort nun besonderen Wert auf die Grundüberzeugung des Areopagiten legen. Und die besteht in der Einsicht, dass alle menschlichen Aussagen über Gott nicht hinreichen, um seine absolute Jenseitigkeit (Transzendenz) zu erreichen. Es gelte daher, von den Namen zum Unnennbaren, von dem Beschreibbaren zum Unbeschreiblichen emporzusteigen.[56] Die Gottesschau, die immer nur in*

---

54 Paulus, 2 Kor 12.

55 Cusanus an Kaspar Aindorffer, in: Deutsche Mystikerbriefe des Mittelalters, a.a.O. S. 549 ff.

56 André von Ivánka, in. Dionysius Areopagita: Von den Namen zum Unnennbaren. Einsiedeln 1990, S. 7 ff. – Josef Sudbrack: Trunken vom Hell-Lichten Dunkel des Absoluten. Dionysios, der Areopagite und die Poesie der Gotteserfahrung. Freiburg 2001.

*unzulänglichen Bildern bezeugt werden könne, sei daher eher ein Nichtschauen, das Licht Gottes – paradoxerweise – eher eine undurchdringliche Finsternis. Die aber sei jedoch nicht mit der Finsternis im landläufigen Sinne zu verwechseln, geht es hier doch um das „Hell-Lichte Dunkel des Absoluten" (J. Sudbrack).*

*Diese Verlautbarung von einer „negativen Theologie", wie sie im Briefwechsel zur Sprache kommt, zeigt, auf welch hohem Niveau die Tegernseer Benediktiner über das Wesen des von tiefen Dunkelheiten erfüllten Mystischen mit Cusanus diskutieren. Der führt sie an den Abgrund und Ungrund menschlicher Fassungskraft, insofern er den Rahmen des Logischen sprengt. Da geht es um das Sein Gottes, das sich – unbegreiflicherweise – als ein Nicht-Sein darbietet. Cusanus schreibt darüber im Brief vom 14. September des ereignisreichen Jahres 1453:*

Wenn nämlich der Geist nicht mehr mit dem Intellekt tätig ist, dann steht er im Schatten des Nichtwissens. Und wenn man die Dunkelheit wahrnimmt, dann ist das ein Zeichen dafür, dass hier Gott ist, den man sucht. Es ist so, wie wenn jemand die Sonne sucht: Wenn er richtig zur Sonne hingeht, so wird wegen ihrer Leuchtkraft sein schwacher Gesichtssinn verdunkelt. Diese Dunkelheit ist ein Zeichen dafür, dass der Sonnen-Sucher auf dem richtigen Wege geht. Denn wenn die Dunkelheit nicht entstünde, so würde er nicht den richtigen Weg zum herrlichsten Lichte wandern.

Zwar sagen fast alle Hochgelehrten, dass jene Dunkelheit dann gefunden wird, wenn man vom Gottesbegriff alle Eigenschaften abziehe, so dass auf diese Weise dem Suchenden eher ein *Nichts* als ein Etwas begegnet. Doch ist es nach meiner Ansicht nicht der richtige Weg, auf dem diejenigen nach der mystischen Dunkelheit streben, die sich bloß mit einer „negativen Theologie“ abgeben (...)

Wenn man Gott aber auf dem Weg der Bejahung seiner Eigenschaften sucht, findet man ihn nur gemäß menschlicher Vorstellung und (somit) verhüllt, keineswegs unverhüllt. Dionysios lehrt an verschiedenen Stellen nach doppelter Methode: dass wir zu Gott gelangen auf dem Wege der Bejahung oder auf dem Wege der Verneinung. In diesem Buche aber, in dem er die geheime mystische Theologie auf eine mögliche Weise darlegen will, spricht er über diese Zweiteilung hinweg in die völlige Vereinigung und Deckung oder allereinfachste Einheit, die nicht mehr doppelt ist, sondern unmittelbar über alle Verneinung und Bejahung, das heißt dorthin, wo die Verneinung zusammenfällt mit der Bejahung, die negative Theologie mit der affirmativen (bejahenden) Theologie.

Dies ist die geheimste Theologie, zu welcher kein Philosoph gelangt, noch auch gelangen kann, da das gemeinsame Grundprinzip aller Philosophie feststeht, nämlich dass zwei kontradiktorische Gegensätze nicht zugleich wahr sein können. Deshalb muss der Mystiker, über alle Vernunft und Erkenntnis hinausgegehend, ja sogar sich selber verlassend, sich der Dunkelheit anvertrauen. Dann findet er das von der Vernunft für unmöglich Erklärte. Es ist das Zusammenfallen (*coincidentia)* von Sein und Nicht-Sein, das zur Notwendigkeit selbst wird. Ja, wenn man nicht zu solch dichter Dunkelheit der Unmöglichkeit käme, so wäre es nicht die höchste Notwendigkeit, die in keinem Widerspruch steht zu jener Unmöglichkeit. Aber eben: *die Unmöglichkeit ist die wahre Notwendigkeit!*[57]

---

57 A.a.O. S. 551 ff.

*Wie der Cusanus im weiteren Zusammenhang zeigt, hat er seine Tegernseer Freunde zu der Einsicht zu führen, dass die ganze mystische Theologie – trotz aller Unzulänglichkeit des menschlichen Erkenntnisvermögens – den Eintritt in die absolute Unendlichkeit darstelle.*

Unendlichkeit besagt nämlich das Zusammenfallen der Gegensätze, also ein Ende ohne Ende. Niemand kann Gott mystisch schauen, als nur in der Dunkelheit des Zusammenfallens; das ist in der Unendlichkeit.[58]

*Um niemanden zu überfordern, kam Cusanus seinen Lesern schließlich dadurch entgegen, dass er jenes (Christus-)Bild nach Tegernsee schickte, das seine Betrachter als der „Allsehende" an jedem Standort im Blick zu behalten scheint. Wie bereits oben besprochen, soll seine dazu gehörige Schrift von der Schau Gottes (De visione Dei) der Deutung jener Ikone dienen. Dass dieses Buch zusammen mit jenem über die Gottsuche (De quaerendo Deum) seine Empfänger am Tegernsee nicht nur erreicht hat, sondern aufmerksam gelesen und zwecks weiterer Verbreitung kopiert wurde, ist einem an den Cusanus gerichteten Brief des Priors Bernhard von Waging zu entnehmen, abgesandt im Frühjahr 1454. Darauf bezieht sich der Schreiber mit den Worten, die auch eine gewisse, immer noch bestehende Ratlosigkeit zum Ausdruck bringen: „O wären mir doch die Gnade und die Fähigkeit verliehen, es (De visione Dei) entsprechend seinem Wohlgeschmack zu genießen! Dieses Buch allein könnte mit Recht jedem einfältigen Frommen genügen, obwohl dem sorgfältig Überlegenden und scharfsinnig Forschenden darin*

58 A.a.O. S. 554.

*gewisse Dinge begegnen, die die Seele des Prüfenden ein bisschen verwirren.“ Zum einen erhofft der Prior weitere Aufschlüsse, wenn Cusanus einmal in seinem Kloster einkehren werde. Dort hielt man ihm offensichtlich eine Zelle bereit. Zum andern weiß er von einer anderen, ebenfalls den Mönchen gewidmeten Schrift, die sie dem Verfasser verdanken:*

*„Übrigens belehrt eure hochwürdigste Väterlichkeit in dem kurzen Briefe an meinen hochwürdigen Abt (Kaspar Aindorffer), knapp zusammenfassend und doch gewichtig, mit sehr wenigen Worten über das Erjagen und Erfassen Gottes*[59]*, und sie eröffnet den kurzen und sicheren Weg, das ist die vollkommene Liebe, die mächtig emporhebt über das Zusammenfallen der Gegensätze ‚Umfassend‘ und ‚Umfasst‘ hinaus.“ Gleichzeitig muss Bernhard von Waging ein weiteres Mal einräumen, dass nicht alle seiner Brüder die Ausführungen des Philosophen begreifen können.*[60]

*Weil die Tegernseer Benediktiner durch die „für viele dunkle Materie des Verkostens der göttlichen Süßigkeit“ beunruhigt sind, geht Nikolaus von Kues auch darauf nochmals ein, indem er – im Brief vom 18. März 1454 – ein weiteres Mal zu einer Erklärung ansetzt, denn:*

Gott ist die Liebe; und die Liebe zu zeigen genügt. Die absolute Liebe verkosten und schauen, das ist die höchste aller Begierden. Denn die Liebe ist das Leben des Geistes. Wenn also der Intellekt in sich selbst, das heißt: geistigerweise erkennt, dass er sein Leben besitzt, dann erquickt er sich

59 Es handelt sich um des Cusaners Buch Die Jagd nach Weisheit (De venatione sapientiae).

60 Bernhard von Waging an Cusanus, in: Deutsche Mystikerbriefe des Mittelalters. a.a.O., S. 564 f.

bei diesem Genusse an Perlen, die er nicht erkennt. Gott, der die Liebe ist, ist in allem. Aber deshalb sind wir nicht schon glücklich, außer wenn wir ihn auch *sehen in uns.* Wer darauf achtet, dass Gott Objekt der vernünftigen Seele ist, sowohl der Erkenntnis wie des Willens, der wendet sich zur Koinzidenz, zum Zusammenfallen der Gegensätze, und sagt: Gott, der über dem Guten und über dem Wahren ist, der das Über-Wesen des Guten und Wahren ist, wird nicht erfasst, so wie er ist, außer jenseits von allem, was erkannt und geliebt wird, während wir uns ihm nähern, uns nur durch Suchen nähern können.

Ein Suchen aber ohne *Erkennen und Lieben* gibt es nicht. Wir lieben das Gute und suchen, was das sei, was wir lieben. Aber dennoch würden wir, wie Augustinus sagt, nicht einmal suchen, wenn wir gar nichts wüssten. Eine Liebe zum Guten ohne alle Kenntnis des Guten gibt es also nicht. Und auch Kenntnis ohne Liebe gibt es nicht (…)

*Dann ein Wort des Trostes, das insbesondere jenen gilt, die sich mit der mystisch-philosophischen Lehrweise des Cusanus schwertun:*

Es ist wahr, dass Gott nicht von uns verlangt, dass wir ihn erkennen sollen. Denn dies steht nicht in unserer Macht. Aber er will, dass wir ihn lieben gemäß unserem Vermögen. Und er verspricht uns, wie er sich uns dann offenbaren wird, nämlich wenn wir ihn geliebt haben. Dann aber lieben wir ihn, wenn wir ihn suchen.[61]

61 Cusanus an Bernhard von Waging, a.a.O. S. 567.

## 9. Cusanus in seinen Predigten

### *a) Angesichts des Heiligen Abendmahls*

*Bei der Beschäftigung mit den zahlreichen theologischen und religionsphilosophischen Schriften des Cusanus darf nicht übersehen werden, dass ihm als Priester und Bischof auch die Predigt aufgetragen war. Zwar steht in der katholischen Kirche des Westens wie des Ostens traditionsgemäß das sakramentale Handeln im Mittelpunkt des Gottesdienstes. Aber ohne das deutende, das impulsierende und erweckende Wort bliebe der Kultusvollzug als solcher unvollständig und unverständlich. In einer Rede, die die Eucharistiefeier vorbereitet und der Austeilung des Heiligen Abendmahls vorangeht, handelt es sich um eine meditativ gehaltene Besinnung. Das geht beispielsweise aus den Worten des Geleits hervor, die uns überliefert sind. Der Prediger führt seine Gemeinde innerlich betrachtend aus ihrer Alltagswelt an den Altar und damit in den Raum des Mysteriums. Er möchte die Mitfeiernden dazu anregen, auch innerlich mitzuvollziehen, was äußerlich geschieht. In das Wir seiner Anrede bezieht sich der Priester mit ein; auch er empfängt, was er segnend weiterreicht. Der priesterliche Zuspruch im uns vorliegenden Text lässt sich auch so verstehen, als habe der Sakramentsempfang, die Kommunion, bereits stattgefunden. Und auch das wird in mystischer Grundhaltung, das heißt betrachtend vergegenwärtigt.*[62]

62 Die Seitenangaben der nachfolgenden Texte in Klammern beziehen sich auf die in diesem Band benutzte Cusanus-Ausgabe.

Von der Außenwelt sind wir alle in das Gotteshaus eingetreten. Mit dem Glockenschlage sind wir alle bis zum Altar vorgegangen. Alle haben wir dort Gott, dem Vater, das Opfer dargebracht. Wir alle haben in Christus ihm geopfert. Alle sind wir zur Vereinigung mit ihm zugelassen und mit dem Sakrament des Abendmahls erquickt worden. Das taten wir auf sinnliche Weise durch Zeichen (von Brot und Wein). Doch das Wunderbare, das die Zeichen bedeuten, wessen Erinnerung sie uns nahelegen, und welches der Sinn und Geist sei, der unter ihnen verborgen liegt, das lasst uns jetzt erwägen.

Es ist nichts anderes als der Ausdruck unseres Glaubens. Wie wir Christus leiblich unter leiblichen Zeichen vom Altare wegtragen, so müssen wir ihn *ohne Zeichen* geistig in unserem Geiste tragen.[63] Der Geist, in welchem Christus, das Licht der Welt, getragen wird, muss heilig sein, wie der Priester, der das Siegeszeichen des Kampfes für Christus trägt, welches der Sieg des weltüberwindenden Glaubens ist.

Er muss leuchten wie die brennenden Kerzen, in reiner Liebe und geistiger Freude. Denn wie das sinnliche Leben nur in der Freude gerne wohnt, so besteht auch das geistige Leben nur in der Liebe oder geistiger Freude. Das Zeichen dieser Freude sind Reinheit, Gesang, Hymnen, Verbrüderung, Anstand, Nachfolge in die Fußstapfen der Anhänger des Lammes.

Beim Eintritt in die Kirche müssen wir glauben, dass wir von der Außenwelt in den Himmel, in die heilige Wohnung Gottes und seine heiligste Ordnung, voll des Wohlgeruchs

63 Damit hebt Cusanus die mystische Note des sakramentalen Empfangs von Brot und Wein hervor.

frommer Gebete in Freude und unter Glockengeläute eintreten bis zum Altare, das heißt bis zu Christus selbst, welcher die Hostie, der Altar und das Opfer ist. (Es ist das Opfer), das wir dort Gott dem Vater (mit) Christus darbringen werden, der *in uns* ist und wir *in ihm* (...)

Die Speise unserer Hoffnung aber müssen wir aus dem Andenken an die wunderbare Einsetzung dieses Sakramentes nehmen. Dieses Sakrament ist durch Christus so angeordnet, dass das Brot in den Leib, und der Wein in das Blut Christi unter den sinnlichen Gestalten zur geistigen Nahrung umgewandelt werden. Und dies ist das größte aller Wunder. Zwar sind alle seine Werke wunderbar, und keines von allen ist, dessen genauere Betrachtung uns nicht am Ende zur Bewunderung führte. Wie unser Gott verborgen ist, so hat er auch die Wesenheit und Natur aller seiner Werke unserem Auge verborgen, sodass wir nichts *an sich* zu erkennen imstande sind (...)

So ist denn das Andenken an dieses Sakrament eine wunderbare Nahrung des *Glaubens*, weil der barmherzige Gott es eingesetzt hat. Eine noch wunderbarere Nahrung der *Hoffnung*, weil der erbarmende Gott in demselben die Substanz des Brotes in sein Fleisch und die des Weines in sein Blut verwandelt, und die wunderbarste Nahrung der *Liebe*, weil es der Gott aller, der Schöpfer und reichliche Spender alles Guten zum Andenken an die Liebe, mit der er uns liebt, eingesetzt hat. Nähren wollen wir und darum mit dieser Lebensspeise, damit wir ins ewige Leben umgewandelt werden, so das Leben herrscht ohne Tod in Ewigkeit. Amen. (729 ff).

## *b) Vom wahren Christsein*

Eine gläubige Seele kann schwach (*infirma*)[64] werden, und solange sie sich als schwach erkennt, lebt in ihr noch der Geist der Erkenntnis. Sie naht sich dem Worte Gottes, das in der Heiligen Schrift enthalten ist, und nimmt es mittels eines pflegenden Arztes, der die Stelle Christi vertritt, als eine heilsame Arznei in sich auf. Das aufgenommene Wort der Wahrheit macht die Seele frei, wie das Wort der Wahrheit aus dem Munde des Lehrers den ungebildeten Verstand von Unwissenheit befreit, die ihn verdunkelt und in Finsternis gefangen hält.

Wie ein Kraut die körperliche Schwäche nur mittels der unsichtbaren Heilkraft, die unter der sichtbaren Farbe und Gestalt verborgen ist, heilt, so macht die Schrift die schwache Seele nicht durch ihren Einband (*per coricem)* oder die sichtbaren Buchstaben, sondern durch die unsichtbare Kraft frei, die unter dem Buchstaben verborgen ist. Die Vernunft erkennt jene Kraft mittels des Glaubens an Christus, wie der Arzt die Heilkraft eines Krautes mittels des Vertrauens auf Hippokrates kennt, der ihn über jene Heilkraft belehrt hat. Das scheint der Unterschied zwischen dem Evangelium und den üblichen religiösen Schriften zu sein, dass Letzere alle die Kraft der Weisheit oder des Wortes Gottes zu offenbaren sucht, im Evangelium aber das Wort Gottes sich selbst offenbart (…)

Alle, die nur dem Namen, nicht dem Geiste nach Christen sind, die Gott nicht im Geiste und in der Wahrheit anbeten, werden mit Recht mit bloße Bildsäulen Christi

64 infirma kann ebenso krank heißen, was die folgende Metaphorik aus dem medizinischen Bereich eher nahelegt.

verglichen, die äußerlich ein Bild der leiblichen Gestalt Christi, aber im *inneren Menschen*, in dem wir Christen sein sollen, ohne Leben und Geist sind. Nur dieser innere Mensch, der nie altert, sondern in aller Lebensdauer des äußeren Menschen immer über die Zeit erhaben ist, kann Christus ähnlich sein (…)

Es kann die Umgestaltung, durch welche der Mensch im Geiste oder inneren Menschen sich umgestaltet, immer, solange der Mensch Mensch ist, vor sich gehen. Denn wie der Herr, der Gottes Sohn ist, Knechtsgestalt annahm, so nehmen die Knechte, die Kinder Adams, die Gestalt des Herrn in der Taufe an, wo sie abgewaschen und mit dem heiligen Öl gesalbt werden, um Christus ähnlich zu sein. Allein nicht alle bewahren die empfangene Gestalt im Geist: Der Name bleibt, der Geist aber ist regungslos, das Leben ist ein nur fleischliches. Dies kommt daher, weil sie, was des Geistes Gottes ist, durch den sie Christen sein sollten, nicht verstehen. Ihre christliche Bildung kommt bei einem gewissen sinnlichen Wesen zum Stillstand, wie in der Vergleichung mit den Statuen angedeutet ist, wo wir den Anblick einer äußeren Form und den Mangel des Geistes wahrnehmen. Wenn wir Umschau halten, so ist die ganze christliche Religion mit wenigen Ausnahmen zur bloßen (äußeren) Erscheinung herabgesunken, wie wir an vielen religiösen Orden sehen, wo bei mehreren nur der Habit geblieben ist, nichts vom Geist des Ordensstifters (…)[65]

In wem Christus ist, in dem ist der Geist Gottes, der nur zum Ewigen, Unvergänglichen und Himmlischen hintreibt. Und das ist das wahre Leben. Denn die Wahrheit bleibt in

65 Des Cusanus Kritik an der Reformbedürftigkeit von Mönchs- und Nonnenorden basiert auf den vielfältigen Eindrücken, die er auf zahlreichen Visitiationreisen gewonnen hat.

alle Ewigkeit. Die Kraft jenes Geistes, der zu den Tugenden, die ewig sind, antreibt, ist daher der Quell des unsterblichen Lebens. Beachte hierbei, dass das Wort Gottes diesen Geist, somit den Quell des Lebens in sich enthält (...)

Jeder Christ ist Priester, indem er auf ähnliche Weise[66] verfährt. Durch Gebet beim geheimnisvollen Opfer (*mysticis orationibus)* wird er es erlangen, dass Christus die Seele, welche des vernünftigen und göttlichen Lebens entbehrte, in das Leben seines Geistes ebenso verwandelt, wie der Priester am Altar durch Glauben und Aussprechen der geheimnisvollen Worte (*per fidem et mysticas preces*) es erlangt, dass das wirkliche Brot in den lebendigen Leib Christi verwandelt wird. Ist dann Christus im inneren Menschen in das Leben des Geistes Christi übergegangen, dann verleiht das Lamm Gottes Ruhe und Frieden. Denn Christus ist der Friede, die Ruhe des Lebens, die uns ewig beglückt. Er sei gepriesen in Ewigkeit! Amen. (742 ff )

## 10. Worte der Weisheit und des Glaubens

Wenn du recht in die Heilige Schrift eindringst, so findest du nichts als Gott, die Welt und Christus, und dass Christus es ist, durch den Gott die Welt wieder versöhnt hat (...) Die göttliche Vernunft, die das Wort Gottes ist, ist die Weisheit, die jedem vernünftigen Geschöpf Nahrung gibt. Und Gott offenbart die Schätze seiner Weisheit zu seiner Verherrli-

66 Gemeint ist wie ein gemäß der kirchlichen Ordination und Einsetzung zelebrierender, geistlich bevollmächtigter Priester. Martin Luther sprach in seiner reformatorischen Grundschrift „An den christlichen Adel deutscher Nation ...“ (1520) vom Allgemeinen Priestertum aller Gläubigen (d.h. der Getauften).

chung durch das Wort, das alle vernünftigen Geister ewig nährt. (520)

*

Das Licht muss die Erkenntnis leiten und erleuchten. Was beachtet nun der, welcher ein Buch lesen will? Sieht er nicht vorher in sein Gedächtnis, ehe er das Buch liest? Denn er liest das im Buch, was er vorher *in sich selbst* sah und in dem Begriffe hatte, der aus dem Gedächtnis hervorgeht. Das Gedächtnis erzeugt nämlich die Erkenntnis der Buchstaben und Wörter in einem innerlichen Begriffe, der vorher geschaut wird, ehe er im Buch gelesen wird (...) Von der innerlichen Anschauung aus begibt sich der Geist zu der Heiligen Schrift und sieht nun in ihrem Geiste und Buchstaben das geistig Vernünftige, das er in sich schaut, (nämlich) im Lichte des in ihm wohnenden göttlichen Wortes (...) So siehst du, dass *das innere Wort* erleuchtet und lehrt den Weg der Gerechtigkeit zum Ergreifen des wahren Lebens, das in der Erkenntnis dessen besteht, der das Leben in sich ist. Wen daher dieses Wort belehrt, der wird, er mag nun in dasselbe eindringen oder mit demselben an die Lesung der Heiligen Schrift gehen, reichliche Nahrung finden. (521 f.)

*

Niemand versteht die Schrift eines anderen, wenn er nicht zur Absicht *(intentio)* des Schreibenden vordringt. Will er aber dieses, um zum Verständnis zu gelangen, so müssen seine Intention und die des Schreibenden, oder der beide bewegende Geist einer und derselbe sein. Wer also nicht denselben Geist wie Jesus hat, kommt nicht zum Verständnis und Genuss des Evangeliums. (523)

*

Siehe, wie Gott das Ziel aller seiner Werke ist! Er heiligt, um geheiligt, er belehrt, um erkannt, er verherrlicht, um verherrlicht, er liebt, um geliebt zu werden. Daher werden die Gott Liebenden geliebt, die Erkennenden erkannt, die Weisen mit Weisheit erfüllt (*sapientes sapiuntur*), die Gott nicht Kennenden nicht gekannt, die ihn Ignorierenden ignoriert. (523)

*

Da wir das Verlangen haben, in Gott überzugehen (*in Deum transire*), so strebt jeder, nach Kräften Gott ähnlich zu werden. Da nun aber Gott als Geist nur durch den Geist erreicht (*adire*) werden kann, unser Geist aber, der Vernunft und Willenskraft hat, nicht durch die Vernunft in Gott übergehen kann, weil Gott alle Vernunft übersteigt, und nicht durch den Willen oder die Liebe, weil das Unerkannte nicht geliebt wird, so ist klar, dass er nicht durch sich, folglich nur durch einen Mittler zum Übergehen in Gott gelangen kann. Gott, der Vater, zieht durch Vermittlung des Mittlers unseren Geist an sich, wie das Ersehnte den Sehnenden. Indem der Geist das Wort und die Lehre Jesu aufnimmt und sich bewahrt, so liebt er Christus als den Sohn Gottes und in diesem den Vater. Und der Vater liebt ihn durch die Liebe des Sohnes. Gott ist die Liebe, die durch Liebe erkannt und durch Erkennen geliebt wird. So geht der Geist in Gott ein in die Einheit. (524 f)

*

Gott ist der Widerschein des Göttlichen. Alle Vielheit ist und besteht durch Ordnung, denn die Vielheit ist der Abfall von dem Einen und Seienden. Jedes Ding ist nur insoweit, als er eines ist. Das Viele, zur Einheit geordnet, hat dadurch sein Bestehen, während es in sich als Vieles nicht bestehen kann. Die Ordnung fordert aber Proportion und Harmonie. Die kirchliche Ordnung, die von einem aus in viele übergeht, hängt von der göttlichen Hierarchie[67] ab, deren Abbild sie ist. (526)

*

Hermes schreibt an Äskulap[68], die Menschheit sei die Gattung, die Menschen die Arten. Da wir sehen, dass die menschliche Seele, ohne die der Mensch nicht Mensch ist, nicht durch Fortpflanzung (*non ex traduce*), sondern in jedem Menschen durch den Schöpfer (*ex creante*), der Schöpfer der Arten ist, entstehe, so finden wir, dass auch der vernünftigen Bewegung des Menschen eine Intelligenz vorsteht. Denn die Bewegung, die aus unserem Geiste ausgeht, der sich in einem der Sünde unterworfenen Körper befindet, würde, wäre sie nicht von einer abgesonderten Intelligenz geleitet, nur den körperlichen Antrieben folgen. So aber steht uns der Engel zur Seite, der uns die Bewegung nach oben gibt, dass wir verlangen, was der vernünftigen Natur geziemt und der ganzen geistigen Bewegung die Richtung nach dem Ewigen gibt. (527)

*

Das Wort Gottes gab uns eine Ähnlichkeit seiner selbst. Da es der *Logos* oder die Vernunft ist, so wollte es in dem vernünftigen Geist widerscheinen. Es legte in ihn das Ver-

67 Gedacht ist an die drei mal drei strukturierte „heilige Ordnung“ (Hierarchie) der Engel, wie sie Dionysios Areopagita aufgezeigt hat.

68 Hermes Trismegistos: Asklepius, in: Die Hermetischen Schriften. Corpus Hermeticum. Deutsche Ausgabe von Maria Magdalena Miller. Bearbeitet und herausgegeben von der Wiontzek-Hermetica-Stiftung. Hildesheim 2009, S. 333 ff. – Florian Ebeling: Das Geheimnis des Hermes Trismegistos. München 2005, S. 84 ff.

langen nach Wahrheit, das Verlangen nach Leben, und gab ihm das ewige Gesetz, durch welches es zur Wahrheit und Leben gelangen kann. Christus ist das Wort, welches die Wahrheit, das Leben und der Weg ist. Es ist also unser Verlangen nach Wahrheit ein Verlangen nach Christus. Das Verlangen nach dem Leben ist ein Verlangen nach Christus (...) Allein in dieser Welt wissen wir nicht, was Wahrheit ist, Leben, Weg, Gesetz oder Liebe. Deshalb kam Christus in diese Welt, um uns alles dieses zu zeigen. (531)

*

Wenn Platon um des Wissens willen die Welt durchwandert und überall einen Lehrmeister gesucht, wenn er Archytas aufgesucht hat und ebenso andere, die gewiss alle nur die Inkarnation der Weisheit gesucht haben, so wird in allen Lehrmeistern diese Inkarnation der Weisheit gesucht. Wäre sie daher nicht in irgendeinem inkarniert, das ist: gäbe es nicht einen Menschen, der so weise ist, dass eine höhere Weisheit nicht möglich ist, welche die Weisheit in ihrer *Wesenheit* ist, so suchten wir vergeblich alle Lehrmeister auf, wenn die Weisheit in keinem gefunden werden könnte. (542)

*

Der Glaube führt vom sterblichen Leben zum unsterblichen. Er ist der Weg zum Übergang aus der Gnade der Geburt in dieser Welt zur Gnade der *Wiedergeburt* in der anderen Welt. Johannes vergleicht in der Offenbarung das Wissen des kreatürlichen Lebens mit dem Mond, die Weisheit der Wiedergeburt mit der Sonne[69], und zwar deshalb,

69 Diese Gegenüberstellung und der Vergleich von Sonne und Mond in der Übertragung auf die Weisheit, wie Cusanus nahelegt, findet in der Johannes-Offenbarung keine Stütze!

weil die Sonne das Werk der höchsten Weisheit ist, da in der Sonne das erleuchtende Licht und die belebende Wärme oder Liebe vereinigt sind. So koinzidiert auch in der Weisheit das Wissen mit der Liebe. (543)

*

In Christus erschien alles als Totalität und Einheit, was in allen Heiligen getrennt und partiell sich zeigt. In der Heiligkeit des Lebens schien Johannes in ihm wieder erstanden zu sein. Andere glaubten, in ihm sei der Geist des Elija, andere sehen in ihm den Geist des Jeremia oder eines anderen Propheten. – Erkenne hieraus, dass der Geist Christi die Tugenden aller Heiligen in sich begriffen habe. (546)

*

Christus ist die *Magnetnadel*, die den Schiffern beim Sturm den rechten Weg zeigt. Ohne diese Magnetnadel würden wir in die Finsternis der Unwissenheit geraten und den Hafen des Heils nicht erreichen. Die Magnetnadel bleibt fest in ihrer Richtung, wie auch das Meer tobe. So ist Christus das Licht, das in der Finsternis leuchtet. Der *Geist Christi* zieht, weil Christus der Sohn Gottes ist, jeden vernünftigen Geist an sich, wie der Name Platons Schüler herbeizog, denen der Philosoph die Weisheit mitteilte, oder wie der Magnet das Eisen anzieht, dem er die Anziehungskraft mitteilt, so dass das von ihm Angezogene in der Gemeinschaft mit ihm wieder anderes Eisen anzieht (...) Die Anziehungskraft ist der *Heilige Geist*. Die Kraft des Magnets wächst durch seine Verbindung mit einer größeren Quantität Eisen; so auch die Christenheit durch die Vereinigung vieler mit Christus. 546 f)

*

Keine Seele kann Gott lieben, in der nicht die Gestalt Christi ist, der allein uns durch Wort und Beispiel belehrt, wie wir Gott lieben können, nämlich in der Nachahmung der Gestalt Christi. Wenn wir daher in uns wahrnehmen, was wir an Christus wahrnehmen (*id quod in Christo credimus*), den Gehorsam bis zum Tode, dann gestaltet sich *Christus in uns* und wir gewinnen die Gestalt des Sohnes Gottes, durch die wir zur Herrlichkeit des Vaters gelangen. (550 f)

*

Paulus sagt, ein anderer sei der äußere, ein anderer der innere Mensch; ein anderer der alte, ein anderer der neue Mensch. Der äußere Mensch ist sichtbar, der innere unsichtbar. Der alte Mensch ist zweifach, der alte ist seelisch, der neue geistlich. Der alte ist nach dem alten Adam, der neue nach dem neuen Adam, das ist Christus. Paulus nimmt eine dreifache Bewegung der vernünftigen Seele an: das Leben der *Natur*, des geschriebenen *Gesetzes* und der *Gnade*. (555)

*

Der im inneren Menschen gepflanzte Baum des Lebens kann aus sich die Lebensfrucht nicht hervorbringen, wenn er nicht die Einwirkung der Sonne der Gerechtigkeit, der ewigen Weisheit, in sich aufnimmt. (556)

*

Das Feuer, aus welchem die göttliche Flamme hervorkommt, ist der *Geist*, der auch die *Liebe* genannt wird. Und wie das Feuer in einer unverzehrbaren Materie nicht aufhört, zu erwärmen, so hört auch der Heilige Geist nie auf, lebendige Freude, die Flamme der Liebe in der vernünftigen Seele zu entzünden, wenn diese der Vereinigung mit ihm fähig und unzerstörbar ist. Der Apostel nennt das Herz die Seele selbst, wenn er sagt: „Die Liebe Gottes ist in unsere Herzen ausgegossen durch den Heiligen Geist, der uns gegeben ist." Das Herz wird hier genannt, weil es das Zentrum des Lebens ist. So heißt der Heilige Geist die Liebe, wiewohl die Liebe vom Heiligen Geist stammt und in den Mittelpunkt unseres Lebens ausströmt. (558 f)

*

Zweifach ist Gott in der Kreatur durch seine Wesenheit, Gegenwart und Macht. Und in diesem Sinne ist er überall, oder auf dem Gnadenwege (*gratuite*) und geistig, durch Verleihung der Gaben der Gnade. Und in diesem Sinne ist er hier. Denn er kommt mit einem Geschenk. Die Liebe Gottes, heißt es, ist ausgegossen in unsere Herzen durch den Heiligen Geist, der uns gegeben ist. (559)

*

Wie müssen wir uns *vorbereiten*, damit uns der Heilige Geist zuteil werde? – Da der Heilige Geist eine Kraft Gottes ist, so wird er nur einem Geist zuteil werden, der mit Tugend ausgerüstet ist. Denn die Tugend verträgt sich nicht mit einem bloßen Scheinleben oder einem sündhaften Leben. Ein guter Geist muss seine Richtung nach dem Einen, Wahren und Guten haben. Er muss sich nach dem Einen hin bewegen, das das Sein selbst ist, das ist: nach dem Vater, nach dem Wahren, das ist der Sohn, nach dem Guten, das ist der Heilige Geist (...) Wer das Gute in seiner Reinheit auserwählt, verlässt allen Schein des Guten in dieser Welt und nimmt die Richtung zu dem Heiligen Geist. Wer seinem Geist durch solche Bewegung eine feste Richtung gibt, flößt ihm einen heiligen Eifer ein. Der ganze Mensch wird diesen

Eifer haben (...) Sodann muss er beachten, *dass die Worte Christi Geist und Leben sind*. Er muss an ihnen festhalten, über sie nachdenken und sie erwägen (...) Er muss beten, bitten, anklopfen. Wer anklopft, dem wird von der Güte, die ins Verborgene sieht, geöffnet werden (...) Zur rechten Zeit müssen wir ihn anrufen, nicht erst in den letzten Tagen unseres Lebens. (561 f)

*

Da Christus das belebende Leben ist, und unser Leben nicht ohne Speise erhalten werden kann, so ist er, wie der Geber, so auch der Erhalter des Lebens: das Brot des Lebens. Als Brot oder Speise des Lebens kann er aber nur durch den *Glauben* erfasst werden, denn das Belebende ist der Geist. Woher aber und wohin dieser wehe, kann man nach der Lehre Christi nicht wissen. Durch das Wissen kann er mithin nicht erreicht werden. Weil wir aber doch zum Geist des Lebens gelangen müssen, wenn wir das Leben erlangen wollen, und dies durch das Wissen nicht geschehen kann, so muss es durch jene Kraft geschehen, welche über dem Wissen ist: durch den Glauben. (568)

*

Die Fähigkeit für Weisheit und Unsterblichkeit ersehen wir daraus, weil der Geist sich zu dem hinneigt, was unzerstörbar ist und es erfasst, wie wir es an den Künsten sehen. Er fasst die unsterbliche Fähigkeit in sich, zu zählen und zu messen. Das könnte er nicht, hätte er nicht eine Seele, welche sich aus dem partikularen und zestörbaren Erfahrungsmäßigen zu dem universellen Verständnis desselben erheben und so sich eine Kunst erwerben kann. Diese Fähigkeit der Seele aber ist ein Beweis dafür, dass sie nicht an das zerstörbare Instrument des Körpers und an die Organe der Sinne gebunden ist. Sie ist daher fähig für Wissenschaft und Künste und Weisheit – alles Dinge, die von allem Partikularen und Zerstörbaren frei (*separata)* sind. Die Seele zergeht (*perit)* deshalb nicht, wenn auch der Körper zergeht, da sie nicht von ihm abhängt wie das Sehen vom Auge, das aufhört, wenn das Auge, an welches es gebunden war, zerstört ist. (578)

*

Der Mensch ist frei in seinem Lieben, Wollen und Erkennen. Die Vernunft altert auch nicht wie die Sinne. Sie ist folglich nicht aus dem Bereiche des Sterblichen und Zerstörbaren. Wir sehen, dass Bejahrte, während ihre Sinne abnehmen, an Erkenntnis und Weisheit zunehmen. Ferner gelangt der Mensch in dem, was er durch Abstammung hat, zu einer Grenze und zur Sättigung. Es kommt ein Zeitpunkt, wo er nicht mehr sehen und hören kann, was er gesehen und gehört hat. So ist es bei dem Erkennen oder Wollen. Immer will er, was er erkennt, besser erkennen, was er liebt, noch mehr lieben. Ja, die ganze Welt genügt ihm nicht, weil sie sein Verlangen nach Erkenntnis nicht ausfüllt, während ein einziges Objekt dem Sinne genügt. Nichts genügt also der Vernunft als Gott, von dem der Mensch das Sein hat, dessen Ebenbild er ist. (581)

*

„Wer aus Gott ist, hört Gottes Wort." Der Herr spricht hier von der Seele, welche allein die Worte hören kann. Die Ohren hören nur die Stimme. Wenn nun die Seele, welche die Worte hört, nur von dem Worte unmittelbar abstammt, so ist sie unsterblich und unzerstörbar, wie wir sehen, dass alles beständig fortdauert, was unmittelbar von Gott erschaffen ist: der Himmel, die Erde, die Elemente. Gott erschafft durch sein Wort, sein Wort ist seine Kunst. Durch diese Kunst erschafft er die der Kunst fähige Seele. Die Seele, welche der Inbegriff der Kunst selbst ist, misst daher alles: Zeit, Bewegung et cetera. Sie ist daher nicht selbst zeitlich, weil sie über der Zeit steht (*superponitur tempori)*, deren Maß sie ist. (582)

*

Der Mensch ist in die Mitte gesetzt zwischen die höhere Natur der Engel und die niedere tierische. Das Mittlere aber nimmt an der Natur beider anderen Gebiete Anteil. Somit gehört er nach seinem vernünftigen Geiste der höheren, unzerstörbaren Natur an. (583)

*

Die Vernunft (*intellectus*) ist das Auge (*visus*) der Seele. Die Seele lebt dort ewig, wo sie den Tod nicht sieht, das ist in der Vernunft. Denn wenn die Vernunft, welche die Weisheit Gottes in sich hat, ihr Leben sieht oder erkennt, weil das Erkennen desselben ihr Sein ist – und erkennend sein heißt soviel wie ewig lebend sein –, so sieht sie den Tod in Ewigkeit nicht. Denn der Lebende sieht als in sich lebend nichts als Leben und keineswegs den Tod, da der Tod nur die Beraubung des Lebens ist. (583 f)

*

Wenn die Welt erneuert wird und eine andere Gestalt erhält, geht ihre Zerstörung vorher, wie wenn aus dem Ei das Junge hervorkommt. So auch, wenn der Mensch ein Kind Gottes werden soll, was er im Glauben der Potenz nach ist, wie das Junge im Ei. – Aus dem Gleichnis vom Feigenbaum belehrt uns Christus, dass das Reich Gottes im Vergleich zu dieser Welt sich verhält wie der Sommer, nämlich ein fruchtreicher Sommer, im Gegenüber zum Winter. Denn in dieser Welt nehmen wir das Werden der Frucht im Glauben auf. Im Sommer, das ist in der andern Welt, blühen wir und bringen Früchte durch die aufgenommene Feuchtigkeit. Wenn die Bäume Frucht tragen, ist es Sommer. Gleichwie der Baum im Winter keine Frucht bringt, sondern in sich Nahrung aufnimmt, und keine Frucht an ihm wahrgenommen werden kann, so wenig als eine Rose an den Dornen, und es nicht möglich scheint, dass aus dem trockenen, rauen und unscheinbaren Holze im Sommer eine schöne Rose mit Vegetationskraft hervorwachse und köstlichen Wohlgeruch verbreitet, so geht auch der vom Menschen im Glauben an Christus aufgenommene Fruchtkeim der Christusähnlichkeit im andern Leben als Leben auf. Allein die Unwissenden und Ungebildeten glauben es nicht. (584 f)

*

Am Jüngsten Tag werden ein neuer Himmel und eine neue Erde sein, und der Menschensohn wird zu einer Erneuerung erscheinen. Denn der Mensch wird unzerstörbar und unsterblich auferstehen und doch eben derselbe sein, der jetzt sterblich ist. Er wird daher einen wahren Leib haben, aus wahren Elementen wie früher gebildet. Er wird die Augen haben, die er früher hatte, aber alles wird die Unsterblichkeit anziehen. Wie der Mensch durch die Auferstehung erneuert wird, so auch alles, ohne was der Mensch gegenwärtig nicht sein kann. Nun aber hat gegenwärtig das ganze Universum, Himmel, Erde und was in ihnen ist, auf das Sein des Menschen Einfluss. Es muss daher auch alles dieses, das ganze Universum, erneuert werden, wenn der Mensch in die Unsterblichkeit versetzt ist. Wie also der Mensch vergehen wird (*transibit*), so auch Himmel, Erde und alles. Nur das Wort, durch welches alles ins Sein hervorgegangen ist, wird nicht vergehen, denn durch dasselbe wird alles neu gemacht. (585)

*

Die Art und Weise (wie sich die Auferstehung am Jüngsten Tag darstellt) ist uns unbekannt. Allein mit einigen (Wissenden) kann man sagen, im Menschen sei eine körperliche Natur, die aber viel Himmlisches (*multum coelestialem*) an sich hat, wie in ihm ein Geist ist, der viel Göttliches (*multum divinum*) hat. Diese himmlische Natur nun, die man die Quintessenz nennen kann und die elementarische Natur in sich als in der Einheit begreift, bleibt, auch wenn die Elementarstoffe zerstört sind. Der Geist des Menschen hat nun eine Hinneigung (*inclinatur*) zu jenem himmlischen Körper und wird am Ende der Weltbewegung mit ihr wieder vereint, sodass das Gericht gehalten wird über den mit dem geistigen, himmlischen und unzerstörbaren Körper vereinten Geist, was eben das Menschenwesen ausmacht (*in quibus consistit homo*), und an dem Menschen nach seinen Verdiensten Himmelfahrt, oder nach seinem Missverdienst (*pro demerito*), Höllenfahrt vollzogen wird. (586)

*

Die meisten Stifter von Religionen (*legislatores*) haben das ewige Wort in ihren Religionssystemen (*leges*) auszudrücken sich bemüht. Und die einzelnen Religionssysteme sind gewisse Gedanken (*quaedam locutiones*) des Wortes Gottes, der ewigen Vernunft.[70] – Nur jenes Sittengesetz ist gut, welches aus der Liebe hervorgeht. Je mehr es Liebe enthält, desto besser ist es. Das Sittengesetz, das die vollkommenste, unveränderliche und ewige Liebe selbst ist, ist nicht von dieser Welt, weil es durch jeden vernünftigen Geist allezeit erfüllt werden kann. (587 f)

*

Wer Gott liebt, überträgt sich in Gott (*in Deum transfertur*), was nicht geschehen kann, ohne dass sich Gott gewissermaßen auch in ihn überträgt. Da Gott die Liebe ist, so kann der Geist nicht Gott erkennen, ohne ihn zu lieben. So kann es denn keine wahre Erkenntnis Gottes geben, wo nicht die Liebe ist. In jedem Sünder ist daher Unkenntnis Gottes. Assimilieren und Assimiliertwerden koinzidieren im Geiste, wie Erkennen und Liebe (zusammengehören). Ohne eine Sehnsucht erkennt der Geist nicht. Und ohne Erkenntnis liebt er nicht. (593)

*

Wenn ein Glied des Körpers das Leben verloren hat (...) und dann das Leben wiedererhält, so ist der *ganze* Mensch darüber erfreut. Der Auffindung einer verlorenen Seele geht eine Umkehr (*revolutio*) des ganzen Hauses voraus. Bevor der Sünder sich als Sünder bekennt und Reue empfindet, geht eine große Veränderung in ihm vor, und alles, was im Hause ist, muss sich verändern (...) Beachte dies: Siehe, wie dich dein Schöpfer liebt, der über deine Errettung eine solche Freude hat, mit der sich auch alle heiligen, ver-

70 Ein Grundgedanke in des Cusanus Schrift De pace fidei.

nünftigen Geister freuen.[71] Auch deine Freude wird also groß und ewig sein, weil du siehst, dass sich Gott und alle Heiligen um deinetwillen freuen. Diese Freude Gottes und der Heiligen ist deine Freude. Mit ihnen allen wirst du dich mit Christus, deinem Erlöser, freuen, dem du, wie er es verdient, ewige Ehre und Verherrlichung erweist. (594)

*

Wer Quellwasser trinkt, trinkt nicht die Quelle selbst. Könnte er die Quelle selbst trinken, so würde er nie mehr dürsten, weil die lebendige Quelle in ihm wäre. Wer den Geist trinkt, der trinkt die voll sprudelnde Quelle, ein sich selbst unaufhörlich vermehrendes Wasser (…) So wird auch die Kraft des Geistes Christi, die den geistigen Sohn erzeugt, zu einer geistigen Quelle, die sich ewig lebendig aus sich selbst bewegt. Sie ist daher wie ein göttlicher, geistiger Same. Diese geistige Geburt wird *Wiedergeburt* genannt, weil unsere geistige Natur noch einmal geboren werden muss (…) Ist das höhere, göttliche Prinzip, der Glaube, in unseren Geist eingesenkt, so wird es zu einer göttlichen Quelle, deren wahres und lebendiges Wasser ewig fortströmt. Daher sagt Christus, dass aus dem, der an ihn glaubt, Ströme des lebendigen Wassers von innen heraus ewig ausströmen.[72] (598)

*

Der Glaube geht über die Kraft der Natur. Dem Glaubenden ist nichts unmöglich. Denn das Wort, durch das die Himmel erschaffen sind, wohnt *in unserer Seele* durch den

71 Anspielung auf ein Gleichnis Jesu: Lk 15,7.
72 Joh 4,14.

Glauben, dessen Belebendes, woraus seine Wirksamkeit entspringt, die Liebe ist. Nichts anderes bewirkt das Heil als der Glaube an Christus Jesus durch die werktätige Liebe (*Nihil aliud operatur salutem, nisi fides in Christo Jesu per charitatem operantem)* (...) Da unsere Seele das lebendige Abbild der unendlichen Kraft Gottes ist, so kann sie Gott gleichgestaltet werden durch einen Habitus der Gnade, der ihrer Natur verliehen wird. Und dieser Habitus ist *das lebendige Licht des Glaubens.* (601)

*

Einige widmen sich der Mathematik, andere der Arithmetik, andere der Musik, andere der Philosophie und Theologie. Wer in der Grammatik nachforschte, hätte gewiss eine sehr große Freude, wenn er eine ganz kurze Regel fände, durch die er in einem Momente die ganze Grammatik noch weit besser als Priscian verstünde. So der Rhetoriker, wenn ihm ein kurzes Wort gegeben würde, durch das er mit einem Male ein ungleich besserer Redner als Cicero würde. Diese Vollkommenheit wäre die Speise des Lebens des Geistes, der gleichsam durch die Kunst der Allmacht dahin gelangte, wo der Wille mit der Macht koinzidiert. Das Wissen Gottes ist jenes, das der Wechselbegriff seines Willens ist. Es weiß, was es will, und es ist der Wechselbegriff seiner Macht. Es ist das wirklich, was es kann. An diesem Wissen teilhaben ist unsterblicher Genuss. Es heißt Weisheit haben, nämlich eine schmackhafte und lebendige Erkenntnis, welche Unsterblichkeit gewährt. Denn wer ein solches Wissen hat, dass er weiß, was er wissen will – und das ist, was er weiß und sein will –, der ist glückselig. (611)

*

Keine Tugend reicht zur Seligkeit hin, wenn nicht die eingegossene Tugend, das ist die Liebe, hinzukommt. Wo die Klugheit das Prinzip (*forma*) der menschlichen Tugenden ist, so gibt die Liebe den Tugenden das Gepräge göttlicher Tugenden, welches allein Gott wohlgefällig ist. (612)

*

Etwas Wunderbares ist die Liebe, die sich in den andern und den andern in sich umwandelt. Die Liebe ist die Kraft des höchsten Geistes, welcher in den vernünftigen Geist eingehend und ihn erhebend über alle Natur dahin bringt, dass er seine Einheit vermehre und sein Anderssein identifiziere (614).

*

Die nach Wissen streben, lieben die Wahrheit, die sie suchen. Wenn du aber das liebst, was du suchst, liebst du etwas dir Unbekanntes und auch wieder nicht Unbekanntes, eben weil du es suchst. Gott ist die Wahrheit. Der Weg also, die Wissenschaft der Wahrheit oder der Erkenntnis Gottes zu erlangen, ist dieser: ihm zu nahen *mit dem Geiste der Sehnsucht* oder der Liebe. Wenn man sagt, dass man nichts Unbekanntes liebt, so wäre dies wahr, wenn nicht Wahrheit und Güte koinzidierten. Denn die Liebe, die Gott ist, wird, so sehr sie geliebt wird, ebenso sehr auch erkannt. So viel erkennt der Liebende, als er liebt. Beachte hier die Koinzidenz (als die wechselseitige Bezogenheit von Wahrheit und Liebe). (615)

*

Blicken wir zum Himmel, so sehen wir alle Kraft desselben in der Sonne konzentriert. Auf der Erde ist alle Kraft des

Mineralreichs im Gold. In der Mitte von beiden sehen wir die wunderbare Kraft des Feuers. Ich sage nun, dass die Liebe in diesen drei sinnlichen Körpern ihr Abbild finde und dass ihre Kraft in ihnen sich abspiegle. (616)

*

Der göttliche Friede ist es, ohne den nichts bestehen kann. Denn notwendig müssen alle Kräfte, aus denen die Kreaturen bestehen, untereinander in Frieden verbunden sein, damit sie Ruhe und Bestand haben. *Der Friede* ist aber eine Einigung; der Friede einigt. Die Einigung erfolgt durch eine Vermittlung. Diese Vermittlung ist da, worin die Gegensätze ihre Ruhe finden. Der Friede scheint daher die Verbindung (*nexus*) zu sein, durch welche alles mit dem Zentrum verbunden wird, dass es nicht auseinanderfahre (...) Der Friede besteht in der Koinzidenz der Gegensätze. Die Vermittlung ist der Ort des Friedens. Die Substanz besteht weder in dem Prinzip, welches ihr das Sein verleiht, noch in der Materie, dem Substrat des Prinzips, sondern im Zentrum der Verbindung des Friedens und der Vermittlung beider. (659 f)

*

Die *Freude* wohnt im vernünftigen Geist, in dem die Liebe ist, denn aus dem Feuer der Liebe kommt die Freude. Sie ist ein Ergötzen, das die Wärme der Liebe begleitet. Diese Wärme ist der Seele gleichsam die Ausbreitung einer ihr zusagenden Begeisterung, die durch den Einfluss des geliebten Gegenstandes, dem sie eine gastliche Wohnung in sich bereitet und erweckt (...) Die vernünftige Freude ist ein gewisses Gefühl des Geistes, der seine Lebensfülle empfindet. (661)

*

Mit den geistigen Sinnen, mit welchen wir nach Erlangung von Kenntnissen ausgehen, erreichen wir auch in gewisser Weise *das Schöne.* Wir sagen, die Farbe, die Gestalt, habe Schönheit. Dasselbe sagen wir von der Stimme und Sprache. Es erreichen also Gesicht und Gehör einigermaßen das Schöne (…) Die feineren Sinne sind in einer innigeren Vereinigung mit der Vernunft (…) Was daher wohl geordnet und proportioniert ist, das heißt, wo in der Vielheit die Einheit als Proportion oder Harmonie sie abspiegelt, das ist uns angenehm. Nach Dionysios besteht das Wesen des Schönen im Einklang der Gegensätze (*Rationem autem pulchri consistere in quadam consonantio diversorum*). Dionysios handelt davon, dass gewisse göttliche Wirksamkeiten in die Kreaturwelt heraustreten, wodurch diese zur Ähnlichkeit mit Gott erhoben wird (*in divinam assimilationem perficiuntur*). (665 f)

*

Dem Erfassen des Wahren als Wahres (*in ratione veri*) korrespondiert das Hervorgehen des Lichts. Dem Erfassen des Wahren als des Guten (*in ratione boni*) korrespondiert das Hervorgehen des Schönen. Der Bewegung der Sehnsucht korrespondiert das Hervorgehen des *Liebenswürdigen* (*processio diligibilis*). (666)

*

Das Schöne und sittliche Gute sind bezüglich ihres Gegenstandes identisch, in ihrem Wesen aber verschieden. (667)

*

Das ist die unverwelkliche Weisheit, die jedem Geist Leben gibt, der ohne die Weisheit tot ist. Die Ergreifung derselben ist der Endzweck bei Erschaffung der geistigen Natur. Der Mensch kann sie ohne den Mittler Christus, in welchem die allen Menschen gemeinsame menschliche Natur der höchsten Weisheit in unauflöslicher Weise geeint ist, in seiner menschlichen Natur nicht für sich erreichen. Christus ist daher der Meister, der die Lehre und das belebende Wort für unsern Geist hat. Er ist der Enthüller aller Schätze der Gottheit, der Verkündiger (*ostensor*) des Vaters, des Quells der Weisheit und der Herrlichkeit. Dieses Verkünden ist ein Aufnehmen der Weisheit, das den Geist ewig belebt und Christus, dem Sohne Gottes, ähnlich macht. Das ist die wahre Glückseligkeit, die ewige Herrschaft im Himmel, in höchster Wonne. Diese Verheißungen Christi haben für alle, die ihn aufnehmen, volle Gewissheit. (442)

*

Blickt das Auge zum Reich der Schönheit auf, so findet es, dass die Schönheit jedes einzelnen Schönen die Schönheit des anderen nicht beeinträchtigt (*non occupet*), weil die Schönheit kein Quantum ist, nicht klein oder groß, sondern Kleines und Großes ist schön (...) Der schöne Geist strebt in dieser schönen Welt nach der Schönheit der Tugenden, mit denen er den Schmuck seiner natürlichen Schönheit erhöht. Liebe ist das Ziel der Schönheit (...). (671 f)

*

Unser Streben wird es sein müssen, dass wir von der Schönheit des Sinnlichen uns zur Schönheit unseres Geistes erheben, welche alle sinnliche Schönheit in sich fasst. Von der Betrachtung unserer Schönheit steigen wir auf zur Bewunderung der Quelle, von der unsere Schönheit ein Abbild ist (...). Die lebendige geistige Schönheit wird durch Erkenntnis der absoluten Schönheit in unbeschreiblicher Sehnsucht zu ihr hingezogen. Je inniger die Sehnsucht, desto mehr nähert sie sich und wird mehr und mehr dem Urbilde ähnlich. Denn die Sehnsucht oder Liebe verwandelt den Liebenden unaufhörlich zur Ähnlichkeit mit dem Gegenstand seiner Liebe. (672 f)

*

Die Glückseligkeit unseres Geistes besteht nicht im Wissen, da dieses ein Mehr oder Weniger zulässt. Was mehr oder weniger sein kann, macht nicht glücklich. Denn kann es weniger sein, so kann es auch ganz aufhören; kann es mehr sein, so ist es nicht vollkommen. Die Glückseligkeit ist aber nichts Unbestimmtes (*non est ambiguo*). Sie ist das Ende der Vollkommenheit in der beständigen Ewigkeit. So gewiss uns demnach der Grad der höchsten Sinneserkenntnis fehlt, solange wir eine Sache nicht gesehen haben, so gewiss sind wir zum Ziel unserer Sehnsucht noch nicht gelangt, solange wir die Wahrheit nur wissen und wir sie nicht in jener Anschauung sehen, welche die höchste mit dem Genusse verbundene Erkenntnis ist (*ultima fruitiva cognitio*). Die Glückseligkeit besteht also in der *geistigen Anschauung* des Schöpfers der Welt. (673)

# V. Stimmen und Zeugnisse zu Nikolaus von Kues

*Johannes Trithemius (1462 – 1556)*

Nikolaus von Kues war ein Mann des Glaubens und der Liebe, ein Apostel der Frömmigkeit und der Wissenschaft. Sein Geist umfasste alle Gebiete des menschlichen Denkens, aber all sein Wissen ging von Gott aus und hatte kein anderes Ziel als die Verherrlichung Gottes und die Erbauung der Menschen. Man kann daher aus seiner Wissenschaft wahre Weisheit lernen.

*Giordano Bruno 1588*

Die Deutschen sollen nicht glauben, dass ich ihnen schmeicheln will. Aber seit das Reich zu ihnen gekommen ist, findet man hier mehr Genie und Kunst als bei den anderen Völkern. Wer war in seinen Tagen Albert dem Großen vergleichbar, wer dem Cusanus, der, je größer er ist, umso weniger zugänglich ist? Hätte nicht das Priesterkleid sein Genie da und dort verhüllt, ich würde anerkennen, dass er dem Pythagoras nicht gleich sei, sondern ein Größerer.

### *Friedrich Schlegel 1807*

Auch las und blätterte ich in Nicolaus Cusanus. Ein Philosoph in dem Sinne, dass Leibniz und solche ganz flach und seicht dagegen scheinen. (Er ist) wie der Grundstein vom festesten, gründlichsten Tiefsinn.

### *Rudolf Steiner 1901*

Ein herrlich leuchtendes Gestirn am Himmel mittelalterlichen Geisteslebens ist Nicolaus Chrypffs aus Kues. Er steht auf der Höhe des Wissens seiner Zeit (…) Er hatte in hohem Grade das Vermögen, dieses Wissen zum inneren Leben zu erwecken, sodass es nicht nur über die äußere Welt aufklärt, sondern auch dem Menschen dasjenige geistige Leben vermittelt, nach dem er sich, aus den tiefsten Gründen seiner Seele heraus, sehnen muss.

### *Josef Bernhart 1922*

Die Grundlehre des Cusaners schaltet von Anfang an mit dem Begriffe der *coincidentia oppositorum*. Mit ihm hebt, wie er selbst sagt, der Aufstieg zur mystischen Theologie an, das Eingangstor zum Paradiese, an dem er den Herrn zu sehen beginnt. Nichts ist ja der Mystik natürlicher, als das Vielerlei der Erfahrung, alles offenkundig Gegensätzliche in den Ergebnissen unseres Denkens, vor allem aber in den denkerisch gewonnenen Bestimmungen des göttlichen Wesens, auf eine Einheit zu bringen.

## *Wilhelm Oehl 1931*

Als Mystiker greift Nikolaus besonders auf Dionysius Areopagita und auf Meister Eckhart zurück. Eine der besten Eckhart-Handschriften stammt aus seinem Besitz (...) Die Mystik des Cusaners erwächst mit Selbstverständlichkeit aus seinem philosophischen System, das eben eigentlich selbst „Mystizismus" ist, da er, ähnlich Gerson, die Scholastik durch die Mystik zu vollenden strebte.

## *Karl Vorländer 1949*

Die Größe des Cusanus sprengte den Rahmen von Zeit und Zone. Sein Versuch, Sokratik und Christentum als die beiden unerschöpflichen Prinzipien geistiger Wiedergeburt zu vereinen, wurde nirgends verstanden. Und doch lag darin der tiefste Sinn mittelalterlicher Philosophie beschlossen: antike Form des Südens mit christlich-germanischem Gehalt zur Vereinung zu bringen. Unverstanden blieb auch sein Leben, so sehr die Wahrheit seiner Philosophie gerade durch die Eigenart der gewaltigen Persönlichkeit bezeugt wurde, in der Erkennen und Glauben, Denken und Handeln Ausfaltungen eines und desselben innerlichsten Gehaltes waren. Was manchem widersprechend an ihm erscheinen mag – der Mann der Kirche und des freien Philosophierens, der Mann des neuen Weltbildes und der alten Gesellschaftsordnung –, beruht im Grunde auf der in seinem großen Geiste liegenden „Einfalt", aus der das vielfältig Fruchtbare und nur scheinbar Gegensätzliche, auch in der Geschichte hervorgeht.

*Leo Gabriel 1964*

Die Philosophie des Nikolaus von Kues zeichnet sich durch die spezifische Eigenart aus, dass sie in ursprünglicher Radikalität nach jenem Ganzen fragt, das das Geringste wie das Größte gleichermaßen umschließt. Mehr noch als dies: Nikolaus Cusanus fragt nicht nur danach, sondern lässt das Fragen selbst in Methode und Thematik von diesem Blickpunkt bestimmt sein. Damit stellt sein Werk einen Anspruch an uns, der jenseits von historischer Verknüpfung und Bedeutung an die Gegenwart gerichtet ist.

*Karl Jaspers 1964*

Cusanus war ein Deutscher, der früh ein Europäer wurde, seinen Schwerpunkt in Rom hatte, aber seine Herkunft nicht verlor: In seiner Heimat Kues setzte er sich ein Denkmal, für das er die Mittel, die ihm seine Stellung verschaffte, fast ausschließlich verwendete: eine Stiftung für Alte mit umfangreichen Wohn- und Wirtschaftsgebäuden (...)

Mit der Freiheit des geschaffenen Geistes, als den er sich weiß, schwingt Cusanus sich auf im Endlichen zum Unendlichen. Die spekulative Meditation vergewissert ihn seines Ursprungs und Ziels. Von dort her erfährt er den Sinn des Erkennens und jeder Wissenschaft.

*Detlef Thiel 1999*

Cusanus‘ Stellung im Geflecht so vieler zeitgenössischer Tendenzen, die Spannkraft seiner Hauptthesen, sein polyhistorisches Wissen, seine intensive Tätigkeit in Kirchenpolitik und wissenschaftlicher Organisation – all das hat schon früh dazu beigetragen, in ihm den Begründer oder maßgebenden Vorläufer zahlreicher späterer Errungenschaften zu sehen.

### *Alois Maria Haas 1999*

Für Cusanus gibt es keine Möglichkeit, erkenntnislos zu lieben. Im Gegenteil, jeder Liebende, der sich mit dem Geliebten vereinen möchte, ist notwendigerweise auf vorausgehende Erkenntnis angewiesen. Erst über die volle Anstrengung der Erkenntnis vermag der mystische Theologe in die Dunkelheit des Nichterkennens zu gelangen. Erst der Gelehrte vermag sein Nichtwissen begründet einzugestehen. Doch kann auf paradoxe Weise nur der Intellekt auf unwissende Weise zum Göttlichen emporstreben. Dem reinen Affekt ist solches verwehrt; er tritt gedankenlos am Ort, wo er ist.

### *Kurt Flasch 2002*

Man könnte Cusanus als den Mann verstehen, der in der Mitte des 15. Jahrhunderts die Einsichten des Dionysius Areopagita, die Thomas und Albert abgeschwächt hatten, zur Geltung brachte und der die Scholastik mit der von ihr halbherzig rezipierten negativen Theologie konfrontiert (...) Man kann Cusanus sehen als Humanist, der Jagd auf Handschriften machte, als Leser und Förderer neuer Übersetzungen, welche die Rückkehr der antiken Philosophen im lateinischen Westen einleiten.

# Literatur

## *Werkausgaben*

Philosophisch-Theologische Schriften. Lateinisch-Deutsch. Hrsg. Leo Gabriel. Übersetzt und kommentiert von Dietlind und Wilhelm Dupré. Band I – III. Wien 1982.

Nikolaus von Kues – Die belehrte Unwissenheit. Lateinisch-Deutsch. Übersetzt und herausgegeben von Paul Wilpert und Hans Gerhard Senger. Hamburg 2001.

Nicolaus Cusanus: Philosophische und theologische Schriften. Auf der Grundlage der Übersetzung von Anton Scharpff, hrsg. und mit einem Vorwort versehen von Eberhard Döring. Wiesbaden 2005.

## *Sekundärliteratur*

Albert, Karl: Einführung in die philosophische Mystik. Darmstadt 1996.

Bernhart, Joseph: Die philosophische Mystik des Mittelalters von ihren antiken Ursprüngen bis zur Renaissance. Darmstadt 1974.

Borsche, Tilman: Nikolaus von Kues, in: Klassiker der Religionsphilosophie. Hrsg. Friedrich Niewöhner. München 1995, S. 242 – 258.

Deutsche Mystikerbriefe des Mittelalters 1100 – 1550. Hrsg. Wilhelm Oehl (1931) Darmstadt 1972.

Flasch, Kurt: Das philosophische Denken im Mittelalter. Von Augustin zu Machiavelli. 2. Aufl. Stuttgart 2006.

—: Nikolaus von Kues. Geschichte einer Entwicklung. 3. Aufl. Frankfurt 2008.
—: Die Metaphysik des Einen bei Nikolaus von Kues. Problemgeschichtliche Stellung und systematische Bedeutung. Meisenheim 1972.
—: Nikolaus von Kues, in: Die Großen der Weltgeschichte. Hrsg. Kurt Fassmann. Zürich 1974, S. 246 – 261.
Frensch, Michael: Weisheit in Person. Das Dilemma der Philosophie und die Perspektive der Sophiologie. Schaffhausen 2000, S. 268 – 290.
—: Das gelehrte Nichtwissen. Die Philosophie des Nikolaus von Kues im Verhältnis zur Geistes-entwicklung des Mittelalters. (Diss.) München 1978.
Gerl, Hanna-Barbara: Einführung in die Philosophie der Renaissance. Darmstadt 1989.
Großes Werklexikon der Philosophie I/II. Hrsg. Franco Volpi. Stuttgart 1999.
Haas, Alois Maria: Nikolaus von Kues in der *Traditio Sapientiae,* in ders. Mystik im Kontext. München 2004, S. 248 – 261.
—: Nikolaus von Kues als mystischer Theologe, a.a.O. S. 261 – 278.
—: Nikolaus' von Kues Konzept der Paradiesesmauer, a.a.O. S. 279 – 291.
Haubst, Rudolf: Das Bild des Einen und Dreieinen Gottes in der Welt nach Nikolaus von Kues. Trier 1952.
Heinzmann, Richard: Philosophie des Mittelalters. Stuttgart 1992.
Hoffmann, Ernst: Gottesschau bei Meister Eckhart und Nikolaus von Kues. Zürich 1934.
Hoffmann, Fritz: In menschlicher Weise zum Göttlichen führen. Hinführung zu Nikolaus von Kues. Leipzig 1985.
Jacobi, Klaus: Die Methode der cusanischen Philosophie Freiburg 1969.
Jaspers, Karl: Nikolaus Cusanus. München 1968.

Koch, Josef: Nikolaus von Kues, in: Die großen Deutschen. Hrsg. Hermann Heimpel u.a. Frankfurt 1983, Band I, S. 275 – 287.

Meffert, Ekkehard: Nikolaus von Kues. Sein Lebensgang, seine Lehre vom Geist. Stuttgart 1982.

Metzler Philosophen-Lexikon. Hrsg. Bernd Lutz. Stuttgart 1982.

Schmidt-Biggemann: Philosophia perennis bei Nikolaus von Kues, in ders.: Philosophia perennis. Historische Umrisse abendländischer Spiritualität in Antike, Mittelalter und früher Neuzeit. Frankfurt 1998, S. 63 – 94.

Senger, Hans Gerhard: Nikolaus von Kues, in: Theologische Realenzyklopädie (TRE) Berlin 1994, Band 24, S. 554 – 564.

—: Mystik als Theorie bei Nikolaus von Kues, in: Gnosis und Mystik in der Geschichte der Philosophie, hrsg. Peter Koslowski. Zürich 1988, S. 111 – 134.

Tarnass, Richard: Idee und Leidenschaft. Die Welt des westlichen Denkens. Hamburg 1997.

Thiel, Detlef: Nikolaus Cusanus. Quadratur des Kreises: Politik, Frömmigkeit und Rationalität, in: Philosophen der Renaissance. Hrsg. Paul Richard Blum. Darmstadt 1999, S. 41 – 52.

Vorländer, Karl: Philosophie des Mittelalters. Geschichte der Philosophie II (1949) Reinbek 1964.

Wehr, Gerhard: Christliche Mystiker. Von Paulus und Johannes bis Simone Weil und Dag Hammarskjöld. Regensburg 2008.

—: Meister Eckhart. Texte und Kommentar. Wiesbaden 2010.

Weischedel, Wilhelm: Der Gott der Philosophen. Grundlegung einer Philosophischen Theologie im Zeitalter des Nihilismus I/II. München 1979.

Winkler, Norbert: Nikolaus von Kues zur Einführung. 2.Aufl. Hamburg 2009.

Wörterbuch der Mystik. Hrsg. Peter Dinzelbacher. Stuttgart 1989.